KB219370

예수님의 진심

What If Jesus Was Serious?
This book was first published in the United States by Moody Publishers,
820 N LaSalle Blvd., Chicago, IL 60610 with the title,
What If Jesus Was Serious?, copyright © 2020 by Skye Jethani.
Translated by permission. All rights reserved.

Interior and cover design: Erik M. Peterson
Interior and cover illustrations: Skye Jethani

Korean translation edition © 2020 by Duranno Ministry
38, Seobinggo-ro 65-gil, Yongsan-gu, Seoul, Republic of Korea.

This translation published by arrangement with Moody Publishers.

이 책의 한국어판 저작권은 Moody Publishers와 독점 계약한 두란노서원에 있습니다.
저작권법에 의거하여 한국 내에서 보호를 받는 저작물이므로 무단 전재와 무단 복제를 금합니다.

예수님의 진심

지은이 | 스카이 제서니
옮긴이 | 정성묵
초판 발행 | 2020. 9. 9
2쇄 발행 | 2020. 10. 29
등록번호 | 제1988-000080호
등록된 곳 | 서울특별시 용산구 서빙고로65길 38
발행처 | 사단법인 두란노서원
영업부 | 2078-3333 FAX | 080-749-3705
출판부 | 2078-3332

책값은 뒤표지에 있습니다.
ISBN 978-89-531-3844-5 03230

독자의 의견을 기다립니다.
tpress@duranno.com www.duranno.com

두란노서원은 바울 사도가 3차 전도 여행 때 에베소에서 성령 받은 제자들을 따로 세워 하나님의 말씀으로 양육
하던 장소입니다. 사도행전 19장 8-20절의 정신에 따라 첫째 목회자를 돕는 사역과 평신도를 훈련시키는 사역,
둘째 세계선교TIM와 문서선교단행본·잡지 사역, 셋째 예수문화 및 경배와 찬양 사역, 그리고 가정·상담 사역 등을 감
당하고 있습니다. 1980년 12월 22일에 창립된 두란노서원은 주님 오실 때까지 이 사역들을 계속할 것입니다.

산상수훈을 통해 듣는

예수님의
진심

스카이 제서니 지음
정성묵 옮김

두란노

하나님 말씀에 진정으로 귀를 기울이면 그 말씀은 언제나 우리 삶에서 살아 움직인다. 하나님 말씀은 살아 있기 때문이다. 그 말씀은 생명이 있고 생명을 준다. 이 책의 저자는 말씀에 진정으로 귀를 기울였다. 예수님의 말씀처럼 이 책은 새로운 이야기로 경각심을 일으키는 동시에 살아 있다.

-마이클 카드(MICHAEL CARD) 크리스천 음악가

예수님의 가장 유명한 설교를 참신한 시각으로 새롭게 조명한 책이다. 얼마 읽지 않고도 하나님이 이 책을 통해 내게 하시는 말씀을 깊이 고민하게 된다. 산상수훈에 너무 익숙해서 더 이상 유익을 얻지 못하는 사람이 많다. 그 익숙함에 감동을 잃고, 그 교훈 앞에 무릎을 꿇지 못한다. 앞으로 몇 년간 이 책을 두고두고 읽을 참이다. 저자는 교회의 큰 선물이요, 이 험난한 시기에 절실히 필요한 선지자적 목소리다.

-케빈 팔라우(KEVIN PALAU) 루이스 팔라우 협회 회장

저자의 사명은 우리 모두가 하나님 나라의 현실에 대해 고민하게 만드는 것이다. 나아가, 하나님과 함께하는 삶으로 부르시는 예수님의 놀라운 초대에 응하게 만드는 것이다. 이 책으로 말미암아 그 사명에 큰 진전이 나타나리라 믿어 의심치 않는다. 예수님이 누구이시며 오늘 당신에게 어떤 말씀을 하고 계신지 진지하게 고민해 보고 싶은가? 그렇다면 기발한 통찰이 가득한 이 책을 추천한다.

-마이클 웨어(MICHAEL WEAR) *Reclaiming Hope*(소망 되찾기)의 저자

내가 찾던 바로 그 책이다! 예수님의 가장 강력한 가르침이 오늘날 세상을 꿰뚫어보는 저자의 번뜩이는 통찰과 만나 역작이 탄생했다.

-카라 파월(KARA POWELL) *Growing Young*(젊어지기)의 저자

저자는 항상 참신하면서도 철저히 성경적인 접근법으로 멈춰서 생각하게 만든다. 야고보의 경고처럼 우리는 말씀을 듣기만 하고 행하지 않는 경우가 너무도 많다. 저자는 예수님의 말씀을 듣지만 말고 순종하라고 강권한다. 역사상 가장 유명한 설교인 산상수훈을 창의적으로 해석한 이 책은 우리에게 도전과 위로가 될 뿐 아니라 무엇보다도 예수님의 가르침을 진지하게 받아들이라고 촉구한다. 교회나 소그룹에서 꼭 활용해 보기를 바란다.

-다니엘 달링(DANIEL DARLING) *The Dignity Revolution*(존엄성 혁명)의 저자

이 책은 예수님의 가르침을 재치 있고 날카롭고 참신한 시각으로 조명하고 있다. 우리는 모든 재물을 포기하고 따르라는 예수님의 혁명적인 부르심을 무시한 채 삶의 길을 바삐 달려갈 때가 너무도 많다. 저자는 발걸음을 멈춰서 예수님의 가르침이 실질적으로 의미하는 바를 깊이 들여다볼 기회를 제공해 준다.

-**스콧 해리슨**(SCOTT HARRISON) 《채리티: 워터》(*Thirst*)의 저자

이 책은 참신하다. 이 귀한 책은 예수님의 부름에 관한 오랜 진리들을 새로운 시각으로 풀어 준다. 명쾌하고 선지자적이고 기발하다. 우리의 잘못을 바로잡아 주는 통찰력 깊은 책이다. 무엇이든 시각적으로 배우기를 좋아하는 내게는 이 책이 딱이다. 당신도 마음에 들어 하리라 확신한다.

-**J. R. 브릭스**(BRIGGS) 카이로스 파트너십(Kairos Partnerships) 창립자

이 책은 산상수훈을 잘 안다고 생각하는 사람들에게는 새로운 깊이의 통찰력을, 새신자들에게는 이 귀한 가르침을 이해하기 위한 발판을 제공해 준다.

-**로버트 젤리나스**(ROBERT GELINAS) 콜로라도커뮤니티교회 담임목사

예수님과의 관계에서 지금까지 우리는 모든 것을 시도했다. 그분을 개인적으로, 정치적으로, 문화적으로, 종교적으로 받아들였다. 하지만 그분을 진지하게 받아들이는 것을 한 적이 없다. 흥미와 도전이 가득한 이 책에서 저자는 진지한 제자도가 무엇인지를 명쾌하게 보여주고 있다. 강력 추천한다.

　　　　-존 타이슨(JON TYSON) 뉴욕시티교회 담임목사

contents

Prologue

삶의 길이 바빠
예수의 말을 무시하며
달려가고 있지는 않는가

역사적으로 볼 때 지금까지 예수님을 따르는 일이 쉬웠던 적은 없었다. 하지만 현대 사회가 점점 포스트 기독교 세상으로 변해가는 '지금만큼' 힘든 적은 없다고 사람들은 입을 모아 말한다.

오늘날에는 스스로를 '크리스천'이라고 말하고 매주 교회에 나가는 사람들의 숫자가 나날이 줄고 있다. 반면, 어느 종교 집단에도 속하지 않은 종교인들은 급속도로 늘고 있다. 이런 통계의 변화와 함께 성경을 도덕적 혹은 영적 지혜의 근원으로 삼는 사람들이 전에 없이 드물다. 이제 전통적인 기독교 윤리를 바라보는 대중의 시각은 무관심과 적대감 그 사이에 위치한다.

그 결과, 한때 세상으로부터 환영을 받았던 크리스천들이 세상으로부터 냉대와 배척을 당하고 있다. 이러한 현상을 사회가 싫어하는 신념과 가치를 고수한 대가라고 여기기 쉽다. 실제로 많은 크리스천들은 자신이 박해를 당하고 있다고 외치며, 희생자처럼 행동한다. 물론 실제로 크리스천이 부당한 적대감의 희생자가 된 경우가 많이 있다. 이런 사회적 배척에 맞서 많은 크리스천이 예수님을 위해 고지를 탈환하겠다는 목표로 정치적 군대를 이루어 문화 전쟁에 뛰어들고 있다.

그들은 우리가 사회로부터 배척을 당하는 것이 예수님의 가르침을 너무 진지하게 받아들이기 때문이라고 주장한다. 그들은 우리가 신앙을 꽉 부여잡은 손을 조금만 느슨하게 풀고 성경의 가치를 세상의 가치에 조금만 양보하면 세상에서 좀 더 환영을 받을 수 있다고 말한다.

하지만 오히려 그 반대라면 어떻겠는가? 오늘날 기독교의 근본적인 문제는 예수님의 가르침을 너무 진지하게 받아들이기 때문이 아니라 오히려 진지하게 받아들이지 않기 때문이란 생각을 해 본 적이 있는가? 우리가 세상의 배척을 받는 것이 예수님의 가르침에 순종하기 때문이 아니라 도리어 그 가르침을 무시하기 때문이라고 생각한 적은 없는가?

우리의 문제는 무엇인가

오래전 우리 교회에서는 산상수훈으로 성경 공부를 진행했었다. 산상수훈은 예수님의 유명한 설교로, 기독교의 가장 중요한 윤리적 가르침들을 담고 있다. 성경 공부의 첫날, 산상수훈 전체를 읽은 후 학생들에게 물었다. "예수님은 우리가 실제로 이 명령대로 살기를 바라실까요? 그렇다고 생각한다면 손을 들어보세요." 아무도 손을 들지 않았다. 충격을 받은 나는 진지하게 다시 물었다. "왜 우리는 산상수훈을 진지하게 받아들이지 않는 것일까요?"

"아마도 지킬 수 없기 때문입니다. 실제로 그렇게 살 수 있는 사람은 세상에 없어요." 한 학생이 대답했다.

"예수님은 그냥 우리 모두에게 하나님의 은혜가 필요하다는 점을 깨우쳐 주고 싶으셨던 겁니다. 완벽한 삶이 어떤 것인

	기독교 문화	포스트 기독교 문화
왕		

왕국 {	인간 존엄, 정의, 평등, 자비, 평화, 진보, 번영	인간 존엄, 정의, 평등, 자비, 평화, 진보, 번영

지 보여 준 다음, 아무도 그런 삶에 도달할 수 없다는 점을 지적하신 거죠." 다른 학생이 말했다.

아마도 그들이 생각하는 예수님은 산상수훈을 설교하시며 수시로 제자들을 바라보며 윙크를 하셨을 것이다. "걱정하지 마. 내 말을 곧이곧대로 받아들일 필요는 없어." 그들은 예수님이 이 가르침에 불순종했을 때 따르는 위험에 대한 경종으로 설교를 마무리하셨다는 점은 깊이 생각하지 않았다. 오늘날 많은 크리스천이 예수님께 충성을 다한다고 주장하면서도 산상수훈을 현실에 맞지 않는 이상 정도로 치부하고 있다.

2018년 기독교계의 한 리더의 인터뷰를 보았다. 기자는 예수님의 가르침을 무시하는 정치인들을 지지하는 수많은 크리스천들에 대해서 질문했다. "뭐, 못된 놈들을 혼내 줄 사람도 필요한 법이니까요." 리더의 대답에 기자는 보복하지 말라는 산상수훈의 내용을 언급했다. "다른 쪽 뺨을 돌려대라는 말씀은 어떻게 된 건가요?" 그는 그것도 모르냐는 투로 기자를 향해 "당신도 알겠지만 뺨은 두 개가 전부예요!"라고 대답했다.[1]

이 리더는 예수님의 산상수훈을 '어느 정도만' 따라야 한다고 생각하는 듯하다. 정치, 경제, 사회적으로 중요한 일이 위험해지면 잠시 예수님의 명령을 무시해도 괜찮다고 여겼다. 나는 이렇게 생각하는 사람을 수도 없이 많이 봤다.

산상수훈에 관한 성경 공부 모임에서 또 다른 학생이 그런 모습을 보였다. "예수님의 명령들은 실용적이지 않습니다. 곧이곧대로 받아들이면 동네북으로 전락할 겁니다." 그 말에 여러 명이 고개를 끄덕였다. "원수를 사랑하고 다른 쪽 뺨을 대고 누구에게나 달라는 대로 주는 것은 어리석은 짓입니다. 그렇게 해서는 이 위험한 세상에서 앞서가기는커녕 생존도 힘들어요."

"실제로 이렇게 사셨던 예수님은 바보입니까? 그분은 원수마저 사랑하시다가 결국 로마의 십자가에서 생을 마감하셨습니다." 내가 이렇게 말하자 다들 꿀 먹은 벙어리가 되었다. 이 선한 크리스천들 중에 예수님을 바보라고 부를 사람은 아무도 없었다. 하지만 그분의 가르침을 곧이곧대로 따라야 한다고 생각하는 사람도 없었다.

예수님의 가르침을
더 진지하게 받아들이는 세상을 원한다면 …

예수님을 찬양하는 것과 그분께 실제로 순종하는 것, 이 둘 사이의 긴장이 현대 기독교가 도덕적 권위와 영적 신뢰성을 잃어버린 결정적인 이유다. 주일이면 원수를 사랑하고 용서하신 주님을 열심히 찬양한다. 하지만 월요일만 되면 두려움과 분노로 인해 어느 누구의 말도 듣지 않고 자유롭게 행동하기를 원한다.

현대 크리스천들이 너무도 쉽게 산상수훈을 무시한다는 점을 생각하면 기독교를 바라보는 세상의 차가운 시선이 이해되기 시작한다. 예를 들어, 수많은 리서치 기관들이 수집한 데이터에 따르면 "복음주의 크리스천들도 세상 사람들만큼이나 쾌락주의적이고 물질주의적이며 자기중심적이고 성적으로 타락한 삶을 살고 있다."[2] 기독교 리서치 전문가인 조지 바나(George Barna)는 이런 결론을 내렸다. "20세기 중반 이후의 기독교는 대체로 실패했다고 말할 수 있다. 그것은 오늘날 예수님의 제자들이 전혀 예수님의 제자답게 행동하지 않고 있기 때문이다."[3]

이것이 세상이 크리스천들을 위선자로 보는 이유다. 통계적으로 보면 우리는 실제로 위선자들이다. 내 경험으로 볼 때 세상은 예수님의 메시지에 대해 적대적이기보다 오히려 예수님이 설교에서 말씀하신 종류의 인격과 온유함과 자비와 사랑을 갈망하고 있다. 따라서 하나님 나라를 닮은 삶을 추구하는 예수님의 제자들이야말로 이 사회를 오염시키고 있는 분열과 분노의 해독제들이다.

예수님의 가르침을 더 진지하게 받아들이는 세상을 원한다면 먼저 우리가 그런 모습을 보여야 한다. 그런 뒤에도 기독교의 메시지가 거부를 당한다면 그때는 최소한 옳은 이유로 거부를 당하는 것이다. 바로 이것이 이 책의 주제다. 자, 시작해 보자.

PART 1

하나님의 복을
받지 못할 사람은
없다

**WHAT
IF JESUS
WAS SERIOUS?**

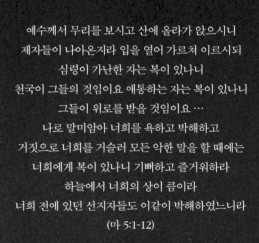

예수께서 무리를 보시고 산에 올라가 앉으시니
제자들이 나아온지라 입을 열어 가르쳐 이르시되
심령이 가난한 자는 복이 있나니
천국이 그들의 것임이요 애통하는 자는 복이 있나니
그들이 위로를 받을 것임이요 …
나로 말미암아 너희를 욕하고 박해하고
거짓으로 너희를 거슬러 모든 악한 말을 할 때에는
너희에게 복이 있나니 기뻐하고 즐거워하라
하늘에서 너희의 상이 큼이라
너희 전에 있던 선지자들도 이같이 박해하였느니라
(마 5:1-12)

1 팔복을 조건으로
바꾸지 말라

　　종교적인 사람들이 성경을 읽으면 위험해진다. 그들은 특별한 경우를 보편적인 경우로 해석하기를 좋아하기 때문이다. 예를 들어, 복음서에서 예수님은 베드로에게 하던 일을 내려놓고 '사람을 낚는 어부' 곧 제자가 되라고 부르신다. 종교에 빠진 자들은 이것을 베드로만의 특별한 소명으로 보지 않고 모든 크리스천들에 대한 보편적인 기대 사항으로 본다. 그들은 예수님

누가 진짜 복을 받았는가?

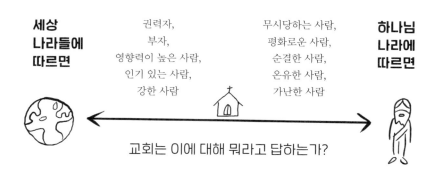

| 세상
나라들에
따르면 | 권력자,
부자,
영향력이 높은 사람,
인기 있는 사람,
강한 사람 | 무시당하는 사람,
평화로운 사람,
순결한 사람,
온유한 사람,
가난한 사람 | 하나님
나라에
따르면 |

교회는 이에 대해 뭐라고 답하는가?

이 제자 후보들에게 베드로와 다른 소명을 주셨던 이야기를 무시한 채 사람들의 죄책감을 자극한다.

하지만 심지어 예수님은 어떤 이들에게는 그분을 따르기 위해 오히려 "집에 가라"라고 말씀하기도 하셨다. 복음서 기자들은 모든 신자가 따라야 할 길을 규정하기 위해 베드로의 소명에 대하여 기록한 것이 아니다. 그 이야기는 단순히 베드로가 행한 일을 기술하기 위해 실렸을 뿐이다.

산상수훈의 도입부를 읽을 때도 이렇게 단순한 '기술'을 '규정'으로 혼동하기 쉽다. 흔히 팔복으로 알려진 1-12절에서 예수님은 누가 하나님께 복을 받았는지를 알려 주신다. 예수님의 목록에는 심령이 가난한 사람들, 애통하는 사람들, 온유한 사람들이 포함된다. 그런데 적잖은 사람들이 이 목록을 규정으로 오해한다. 그러니까 이 목록을 하나님의 복을 받기 위해 추구해야 하는 목표로 여기는 것이다. 이런 오해는 기쁘거나 용감한 것이 경건하지 못한 것이고 슬픔과 약함이 진정한 영적 성숙의 증거라는 생각으로 이어진다. 물론 이는 잘못된 생각이다.

예수님은 복을 받는 방법을 규정하신 것이 아니라 단순히 복을 받은 사람들을 기술하신 것이다. 세상은 강하고 웃는 사람들이 잘산다고 말하지만 예수님께서는 다르게 말씀하신다. 예수님은 하나님 나라에서는 약하고 슬프고 무시당하는 사람들이 잘산다는 말씀으로 우리의 기대를 뒤엎으셨다. 스탠리 하우어워스(Stanley Hauerwas)는 다음과 같이 설명한다.

(팔복의) 그 특성들이 우리가 추구해야 할 이상으로 변할 때가 너무도 많다. 이것들이 그리스도가 가져온 새 시대 사람

들의 특징에 대한 기술이 아니라 힘을 얻기 위한 공식으로 변할 수 있다. … 따라서 예수님은 심령이 가난하거나 온순하거나 평화로운 사람이 되기 위해 노력하라고 말씀하신 것이 아니다. 예수님은 단지 하나님 나라로 부름을 받을 사람들 중에 이런 사람이 많을 것이라고 말씀하신 것이다.[1]

다시 말하지만 산상수훈의 도입부는 해야 할 일의 목록이 아니라 좋은 소식들의 목록이다. 예수님은 그분의 나라가 옴으로써 가장 큰 혜택을 받는 사람들에 관해 기술하셨다. 그 나라에 들어가기 위해 무엇을 해야 하는지를 규정하신 것이 아니다.

 사무엘상 16장 7절; 누가복음 13장 22-30절 참조

2 하나님의 복을 받지 못할
사람은 없다

    행복하게 살고 싶다면 소셜 미디어를 멀리하라. 최근 캘리포니아대학(University of California)에서 진행한 연구에 따르면 "페이스북을 오래 사용할수록 육체적 건강과 정신적 건강과 삶의 만족이 떨어진다."

    심리학자 진 트웬지(Jean Twenge)에 따르면 특히 젊은 사람일수록 "소셜 미디어에 올라오는 멋있게 포장된 사진들을 자

축복의 종형 곡선

"예수님은 아무도 축복하지 않은 사람들을 축복하신다."
-스캇 맥나이트(Scot McKnight)

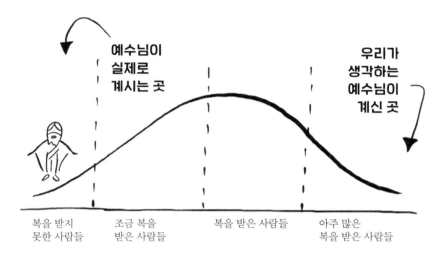

예수님이
실제로
계시는 곳

우리가
생각하는
예수님이
계신 곳

복을 받지
못한 사람들

조금 복을
받은 사람들

복을 받은 사람들

아주 많은
복을 받은 사람들

신의 삶과 비교하며 우울증 같은 부정적인 감정에 빠질 위험이 높다. [2]

당연한 말이지만 SNS에 올라오는 사진들이 다 현실은 아니다. 멋있게 포장된 순간은 찰나와 같은 최상의 순간들을 순간적으로 포착한 사진일 뿐이다. 일상은 전혀 다른 경우가 많다. 그것도 모르고 남들이 화려하게 치장한 가짜 삶을 우리의 초라한 삶과 비교한다. 그 결과는 우울함과 절망뿐이다.

소셜 미디어는 최근에 등장했다. 하지만 그럴듯해 보이는 가짜 이미지를 보여 주려는 인간 본연의 욕구는 과거에도 존재했다. 누가 복을 받았는가에 대한 옛 유대인들의 시각도 이런 욕구에서 비롯했다. 예수님 시대에 대부분의 사람들은 건강과 권력, 부, 존경, 교육을 누리는 사람들이 하나님께 복을 받았다고 믿었다. 그 논리는 간단했다. '좋은 삶을 사는 것은 좋은 사람이기 때문이다.' 그런 사람은 종교적인 헌신으로 하나님께 복을 받은 것이라고 생각했다. 반대 경우도 성립된다. '나쁜 삶을 사는 것은 나쁜 사람이기 때문이다.' 그런 사람은 죄로 인해 저주를 받은 것이다.

현대의 소셜 미디어와 마찬가지로, 하나님께 복을 받은 사람이란 소리를 듣고 싶은 욕구로 인해 예수님 당시 사람들도 그럴듯한 가짜 이미지를 과시했다. 그들에게는 자신의 삶이 실제로 어떠한지보다 사람들이 자신을 어떻게 보느냐가 더 중요했다.

물론 예수님은 이런 행동을 하시지 않았다. 대신 예수님은 누가 정말로 복을 받았는지를 알려 주셨고, 그들은 세상에서 말하는 복 받은 사람들과 전혀 다른 부류였다. 신약 학자 스캇 맥나이트(Scot McKnight)의 말을 들어보자.

분명 예수님은 세상과 정반대의 길을 걷고 계신다. 지혜와 이성을 추구함으로 현자라는 평판을 얻은 사람들이나 좋은 가정을 일군 사람들, 성경을 온전히 지키는 사람들, 좋은 친구를 사귀고 의인이나 리더라는 평판을 얻은 사람들 대신 아무도 축복하지 않은 사람들을 축복하신다.[3]

복을 받은 사람들에 관한 예수님의 반문화적인 목록은 최소한 두 가지 면에서 우리를 뒤흔든다. 첫째, 이는 하나님의 복을 받지 못할 사람은 없다는 뜻이다. 심지어 사회에서 '저주받은' 자나 '무가치한' 자라 손가락질을 받는 사람들에 대해서도 하나님의 돌봄을 받는 사람으로 존중해 주어야 한다.

둘째, 예수님은 환경을 보고서 사람을 판단하는 우리의 악한 성향을 바로잡으신다. 물론, 자신을 판단할 때도 환경으로 판단해서는 안 된다. 누가 정말로 복을 받았는지 받지 못했는지를 외모나 환경이나 소셜 미디어의 일부분만으로는 판단할 수 없다.

야고보서 2장 1-9절; 고린도전서 1장 26-31절 참조

3 예수님이 말씀하시는 천국의 의미

예수님은 산상수훈에서 천국에 대하여 계속해서 언급하셨다. 도입부에서도 천국이 언급된다. "심령이 가난한 자는 복이 있나니 천국이 그들의 것임이요." 그렇다면 천국은 무엇인가? 예수님이 말씀하시는 천국을 오해하면 산상수훈 전체, 나아가 예수님을 오해할 수밖에 없다.

먼저, 천국은 교회가 아니다. 세상 교회들을 다 합친 것이

당신이 생각하는
하나님 나라는 무엇인가?

1) 교회   2) 교회들   3) 하나님 군사

                              5) 이 모든 것

4) 죽어서 가는 곳

하나님의 나라는 … 이 아니다.

하나님 나라라고 말하는 이들이 많은 데 이것 또한 틀린 말이다.

다음으로 천국은 하나님의 백성들이 죽어서 가는 곳이 아니다. 산상수훈에서 예수님은 죽음 이후를 말씀하신 것이 아니다. 천국은 초자연적이고 영적인 분위기를 풍기지만 예수님이 실제로 사용하신 단어는 비물질적이고 비가시적이되 하나님이 거하시는 매우 실질적이고도 현재적인 영역을 지칭한다.

달라스 윌라드(Dallas Willard)는 천국을 이렇게 정의했다. "하나님이 원하시는 것이 이루어지는 곳이다."[4] 다시 말해, 천국은 하나님이 통치하시고 악이 무기력한 곳이다. 그런데 예수님은 이 나라가 지금 우리 '가까이' 있다고 선포하셨다. 이 나라가 우리의 손이 닿을 거리에 있다는 뜻이다. 천국이 이 세상 속으로 들어왔다. 이제 새로운 삶이 가능하다. 따라서 산상수훈을 통해 예수님은 이 세상의 나라가 아닌 새로운 나라에 속한 자들을 위한 새로운 윤리를 밝히신 것이다.

 골로새서 1장 9-15절; 누가복음 17장 20-21절 참조

4 눈치보지 않고 맘껏 울어도 괜찮다

크리스천은 매일 기뻐서 손뼉을 쳐야만 할까? 의심하고 슬퍼하고 "도대체 하나님은 어디 계신 거야?"라며 불만을 토로하는 사람들의 자리는 어디인가? 수년 전 목회를 할 때 최상의 교회 운영법에 관해서 알려 준다는 베스트셀러를 읽은 적이 있다. 저자는 모든 예배를 '축제'로 명명하고 항상 즐겁고 에너지 넘치는 분위기를 유지하며 승리의 삶에 초점을 맞추어야 한다

인간에게 허락된 감정의 범위

- 시편에서 볼 수 있는 여러 감정들
- 소비주의 기독교에서 제시하는 일차원적 감정

고 주장했다(연신 고개를 갸웃거리며 힘겹게 읽었던 기억이 난다).

　이런 축제 일변의 모델이 거짓되었다는 점 외에도 성경의 본보기를 무시한다는 문제점이 있다. 예를 들어, 시편은 옛 이스라엘 백성들을 위한 기도와 예배 의식에 사용되었다. 아마 예수님과 제자들도 시편으로 예배를 드렸을 것이다. 시편에는 기쁨의 노래도 많이 포함되어 있지만 탄식과 불평과 정의를 외치는 울부짖음이 훨씬 더 많다.

"하나님, 도대체 언제까지 기다려야 합니까?" 이것이 시편에 자주 등장하는 기도다. 이는 인간과 하나님의 관계가 여러 차원을 가지고 있음을 보여 준다. 옛 이스라엘의 예배는 축하와 분노, 슬픔, 참회, 명상 등 다양한 방식으로 이루어졌다. 그런데 왜 우리는 예배가 일차원적이어야 한다고 생각하는가?

예수님은 "애통하는 자는 복이 있나니"라고 말씀하셨다. 여기서 애통하는 자는 슬픔을 겪는 사람뿐 아니라 그의 곁에서 고통을 함께 나누며 울어 주는 사람도 포함한다. 애통은 크리스천 삶의 합당한 한 부분이다. 그런데 지금 우리 공동체에서는 이런 경험을 위한 틈이 어디에 있는가? 하나님이 우리를 끝없이 즐겁기만 한 상태로 부르셨다는 착각에 빠지지 말아야 한다. 예수님은 우리가 애통할 때도 하나님이 함께하시며, 망가진 이 세상을 애통해야 한다고 다시금 일깨워 주신다. 다만 크리스천은 소망 없는 상태로 애통하지 않는다.

 이사야 61장 1-4절; 요한계시록 21장 3-4절 참조

사랑, 희락, 평강, 인내,
자비, 양선, 온유의 길…

"남들이 저급하게 굴어도
우리는 드높은 길로 간다."

열심당원들

힘, 난폭, 공격, 폭력, 강제, 지배, 거짓말, 분열의 길…
"목표가 수단을 정당화한다."

5 **우리의 열심으로는**
하나님의 땅을 얻을 수 없다

　　온유한 자는 누구이고 왜 그들이 땅을 기업으로 받는가?
먼저, 이 말씀의 배경과 당시 청중이 이 말씀을 어떻게 이해했
는지를 알아야 한다. 성경 곳곳에 등장하는 하나님과 그분 백

성들의 관계는 약속의 '땅'과 연결이 깊다. 하나님께 순종하면 평화로운 땅에 거할 수 있고 순종하지 않으면 땅을 잃고 떠돌 수밖에 없었다.

　예수님이 세상에 오시기 수세기 전, 유대인들은 오랜 방랑을 끝내고 약속의 땅으로 돌아왔지만 그 땅을 온전히 소유하지는 못했다. 우상을 숭배하는 이교도 로마인들이 그 땅을 다스렸다. 유대인들로서는 있을 수 없는 굴욕적인 상황이었다. 외세의 지배하에 있는 그들은 어떤 면에서 여전히 나라 없는 유랑자들이었다. 이런 답답함에 많은 이스라엘 사람들이 열심당원 곧 폭력적인 혁명가들이 되었다. 로마인들에게 열심당원들은 테러리스트들이었다.

반면 많은 유대인들에게 열심당원들은 자유의 투사들이었다. 열심당원들은 세상의 폭력적인 방법을 통해서라도 하나님의 뜻을 이루고자 했다. 그런데 그것은 하나님의 뜻을 제멋대로 판단한 것이었다. 그들의 목표는 무력으로 "땅을 기업으로 받는" 것이었다. 하지만 예수님은 온유한 자가 땅을 받는다고 선언하심으로 열심당원들의 방법을 지적하셨다. 예수님은 힘이나 폭력이나 분노의 전술을 사용하는 자들이 아니라 평화의 길을 걷는 사람들, 검보다 하나님을 믿는 사람들이 하나님의 목적을 이룬다고 말씀하셨다.

정치적으로 철저히 분열된 땅에 사는 오늘 '우리'와 '그들'이 기억해야 할 말씀이다. 열심당원들처럼 우리도 무력과 협박이라는 세상의 방식으로 하나님을 위해 '땅을 되찾으려고' 할 수 있다. 하지만 예수님은 그런 방식을 내려놓고 온유함을 통한 하나님의 능력을 얻으라고 말씀하신다. 땅을 되찾는 것은 정치라는 칼을 통해서가 아니라 하나님과 그분의 온유한 방식을 믿을 때 가능하다.

 스가랴 4장 7절; 에베소서 6장 10-20절 참조

6 정의를 향한 갈망은 인간 본연의 갈망이다

"억울해!"

우리 집에는 세 아이가 있다. 그러다 보니 이 말을 정말 자주 듣는다. 이 말이 오용될 때가 많기는 하지만 정의를 바라는 우리 인간의 본능은 분명 중요하다. 아마도 모든 사람이 이 세상은 정상이 아니라고 느낄 것이다. 그리고 크리스천이든 비크리스천이든지 이런 불의가 바로잡히기를, 혹은 성경에서 말하

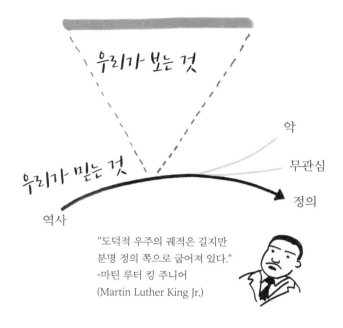

우리가 보는 것

악

무관심

우리가 믿는 것

정의

역사

"도덕적 우주의 궤적은 길지만
분명 정의 쪽으로 굽어져 있다."
-마틴 루터 킹 주니어
(Martin Luther King Jr.)

는 '의'가 이루어지기를 간절히 바란다.

성경에서 '의'는 하나님과 그 백성들 사이의 올바른 관계를
지칭하는 단어로 자주 사용된다. 이 관계를 깨뜨리는 사람은
불의해지지만 하나님께 충성하면 의로운 사람이라고 불린다.
하지만 사실 이 단어는 훨씬 더 광범위한 의미를 지니고 있다.
이 단어는 사람들 사이, 정부와 국민들 사이, 인간과 피조 세계

사이의 옳은 관계에도 적용될 수 있다. 그래서 성경에서 '의'로 번역되는 단어는 '정의'로도 자주 번역된다.

예수님은 정의를 요구하는 저항자의 외침과 하나님과의 화해를 외치는 설교자의 촉구에 대한 이 두 가지 갈망을 모두 인정해 주신다. 예수님은 정의를 향한 영혼의 욕구를 음식과 물에 대한 육체의 강한 욕구에 빗대셨다. 정의를 향한 갈망은 그만큼 인간 본연의 갈망이다.

예수님은 이 갈망을 채워 주겠다고 약속하셨다. 때가 되면 하나님께서 흐트러진 모든 것을 바로잡으실 것이다. 때가 되면 하나님이 우리 마음속에 두신 욕구가 궁극적으로 해갈될 것이다. 마틴 루터 킹 주니어의 말처럼 "도덕적 우주의 궤적은 길지만 분명 정의 쪽으로 굽어져 있다."[5]

 시편 106편 1-3절; 누가복음 18장 1-8절 참조

7 다른 사람과의 관계를 보면 하나님과의 관계를 알 수 있다

예수님의 설교에서 반복되는 주제가 있다. 바로 하나님과의 (수직적) 관계와 남들과의 (수평적) 관계 사이의 뗄 수 없는 연관성이다. 예수님께서는 사람들을 어떻게 대하는지를 보면 하늘 아버지를 어떻게 대하는지를 알 수 있다는 점을 강조하셨다. 이는 당시나 지금이나 듣기 불편한 사실이다.

예를 들어 예수님은 "긍휼히 여기는 자는 복이 있나니 그들이 긍휼히 여김을 받을 것임이요"라고 말씀하셨다. 그리고

기독교의 사랑

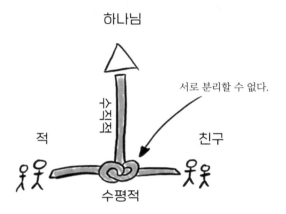

하나님

수직적

서로 분리할 수 없다.

적   친구

수평적

우리는 하나님의 형상을 따라 창조된 자들을 대하는
모습을 통해 하나님을 향한 사랑을 표현한다.
누구든 하나님을 섬긴다는 핑계로
남들을 함부로 대한다면 그는 거짓말쟁이다
(요일 4:20 참고).

나중에는 하나님의 용서에는 한 가지 조건이 따른다는 점을 분
명히 밝히셨다. 그 조건은 우리도 남들을 용서해야 한다는 것
이다(마 6:14-15). 물론 이 메시지는 산상수훈에만 나타나지 않는

다. 이 메시지는 구약의 율법과 선지자의 글에서도 나타나며, 사도들의 글에도 스며들어 있다.

이 주제가 성경 전체를 도배하고 있는 이유는 무엇일까? 아마도 하나님이 수직과 수평을 분리하려는 인간의 성향을 너무도 잘 아시기 때문이 아닐까. 많은 사람들이 하나님의 형상을 품은 이들을 경멸하고 학대하고 비난하고도 하나님 앞에서 흠 없이 설 수 있다는 착각에 빠지기 쉽다. 이는 종교 집단에서 흔하게 발견되는 동시에 가장 위험한 특성 중 하나다.

종교적인 사람들이 수직과 수평을 완전히 분리시킨 채 하나님을 핑계로 남들에 대한 그릇된 태도를 정당화하는 일이 드물지 않다. 예수님 당시의 종교 지도자들인 바리새인들이 그랬다. 하나님을 찬양하면서 아무렇지도 않게 사람들을 경멸하고 있다면 자신을 돌아봐야 한다.

 요한일서 4장 7-21절; 이사야 58장 1-14절 참조

8 내적 청결이 없는
외적 경건은 위선이다

1970년대 CBS 뉴스에서 마케팅 회사의 사장인 제이 워커스미스(Jay Walker-Smith)는 미국인들이 평균적으로 매일 약 500개의 광고에 노출된다고 말했다. 2006년 그는 그 숫자가 약 5,000개로 늘어났다고 밝혔다.[6] 그러던 것이 지금 우리는 매일같이 불만족과 질투를 일으키는 메시지와 이미지의 폭격을 당하고 있다. 많은 사람이 이런 광고의 포화가 우리를 물질

현대의 평균적인 크리스천들은…

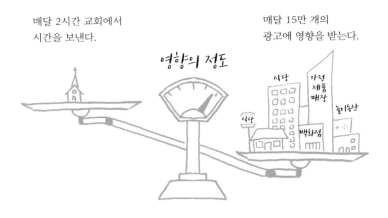

매달 2시간 교회에서
시간을 보낸다.

매달 15만 개의
광고에 영향을 받는다.

영향의 정도

식당

가전
제품
매장

놀이동산

식당

백화점

주의로 몰아간다고 걱정한다. 실제로 우리는 하나님이나 다른 사람들보다 물질에 더 정신이 팔려 있다. 이 점도 걱정이지만 광고에는 우리가 흔히 고려하지 못하는 또 다른 측면이 있다.

대부분의 광고는 이미지에 초점을 맞춘다. 즉 대부분의 광고는 브랜드의 이미지 혹은 타깃 소비자의 이미지에 초점을 맞춘다. 이 두 이미지가 뒤섞여 있는 경우도 많다. 마케팅 자체는 나쁜 것이 아니지만 매일 이미지에 초점을 맞춘 수많은 광고의 포화를 맞다보면 점점 외적인 이미지가 가장 중요한 것이라 믿게 된다. 표면 아래에 있어서 눈으로 볼 수 없는 것에는 관심을 갖지 않게 된다. 쉽게 말해, 광고는 외적인 것이 가장 중요하다고 생각하게 만든다.

소셜 미디어 마케팅이 등장하기 오래전 예수님 당시 사람들도 외적인 이미지에 집착했다. 하지만 중요한 것은 이미지가 아니다. 브랜드와 재물만큼이나 외적인 종교 행위는 중요하지 않다. 그래서 예수님은 외향이 아닌 내면을 강조하셨다. 하나님의 나라에서 내적 청결함이 없는 외적 경건은 곧 위선이다. 이것이 예수님이 "마음이 청결한 자는 복이 있나니"라고 말씀하신 이유다. 예수님은 하나님을 향한 우리 내면의 자세에 더 관심을 가지셨다. 반대로 마음이 좋으면 외적으로도 좋은 것이 나타난다. 마음이 악하면 외적으로 아무리 이미지 관리를 해도 하나님 앞에 바로 설 수 없다.

 시편 24편 3-6절; 누가복음 11장 37-52절 참조

9 화평을 위해 비싼 대가와 고통을 감내해야 한다

예수님은 화평하게 하는 사람들이 "하나님의 아들이라 일 컬음"을 받을 것이라고 말씀하셨다. 여기서 하나님의 아들은 메시아를 의미하지 않는다. 유대 문화에서는 어떤 특징이나 정체성을 지닌 사람들에 대해 "아들"이란 표현을 흔히 사용했다. 예를 들어, 예수님은 종교 지도자들을 "독사의 새끼들"이라고 부르셨다(마 23:33). 그것은 그들의 거짓말과 위선이 당시 사람

"모든 사람이 평화를 원하지만
평화를 위한 노력을 감내하는 사람은 극소수다."
- 토마스 아 켐피스(Thomas À Kempis)

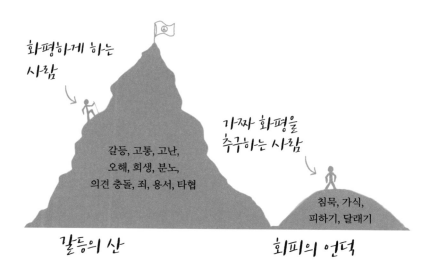

화평하게 하는
사람

갈등, 고통, 고난,
오해, 희생, 분노,
의견 충돌, 죄, 용서, 타협

가짜 화평을
추구하는 사람

침묵, 가식,
피하기, 달래기

갈등의 산

회피의 언덕

들이 뱀과 연관시키는 특징들이었기 때문이다. 마찬가지로 예수님이 화평하게 하는 사람들을 "하나님의 아들"로 부르신 것은 하나님이 화평하게 하시는 분이기 때문이다. 한편, 하나님이 화평하게 하시는 방식을 제대로 알 필요가 있다.

화평이란 단어는 특히 정치와 상담 분야에서 부정적인 의미를 함축하게 되면서 갈등을 회피하는 약한 모습처럼 여겨지고 있다. 최근에는 화평하게 하는 사람들은 진정한 화해를 위한 고통스러운 과정을 거치지 않고 그저 갈등이 표면 밖으로 나오지 않도록 억눌러 평온한 것처럼 보이게 만드는 사람들을 의미한다. 하지만 이런 것은 진짜 화평이 아니다. 갈등을 피하는 것은 하나님의 방식이 아니며, 그렇게 해서는 그분의 자녀라 불릴 수 없다.

사도 바울은 하나님이 "그의 십자가의 피로 화평을 이루사 만물 곧 땅에 있는 것들이나 하늘에 있는 것들이 그로 말미암아 자기와 화목하게" 하셨다고 말한다(골 1:20). 십자가에서 우리는 하나님이 화평을 이루시는 방식을 확인할 수 있다. 이것은 비싼 대가와 고통이 따르는 방식이다. 예수님은 악의 존재를 부인하거나 악을 회피하지 않고 악에 용감히 맞섬으로써 화평을 이루셨다. 이렇게 애써 이룬 화평만이 하나님께 칭찬을 받을 가치가 있다.

'화평'이라는 명목으로 어떤 힘든 상황이나 관계를 피하고 있는가? 진정한 화평을 위한 힘든 길을 걸을 용기를 달라고 기도하라.

 에베소서 2장 11-18절; 로마서 12장 18절 참조

PART 2

평범한 사람들을 통해
세상을
바꾸시다

**WHAT
IF JESUS
WAS SERIOUS?**

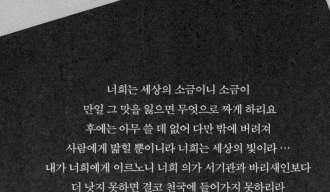

너희는 세상의 소금이니 소금이
만일 그 맛을 잃으면 무엇으로 짜게 하리요
후에는 아무 쓸 데 없어 다만 밖에 버려져
사람에게 밟힐 뿐이니라 너희는 세상의 빛이라 …
내가 너희에게 이르노니 너희 의가 서기관과 바리새인보다
더 낫지 못하면 결코 천국에 들어가지 못하리라
(마 5:13-20)

박해에 대한
진실 혹은 거짓

예수님은 박해에 관한 말씀을 하시면서 그분의 제자들이 겪는 고난이 다 박해가 아님을 분명히 하셨다. 예수님은 "의를 위하여 박해를 받은 자는 복이 있나니"라고 말씀하신 뒤에 "나로 말미암아" 박해를 받는 사람들을 축복하셨다. 옳은 일을 하기 위해서 혹은 예수님의 편에 서기 위해서 고난을 받을 때 복을 받는다. 그런데 종종 자신의 어리석음이나 불의한 행동으로 고생을 하면서 박해를 받는다고 주장하는 크리스천이 많다. 분명 의를 위하여 박해를 받는 이들이 있다. 하지만 자신의 잘못으로 고난을 겪는 크리스천도 많다.

존 스토트(John Stott)에 따르면 "박해는 간단히 말해, 양립할 수 없는 두 가치 체계의 충돌이다."[1] 예수님이 산상수훈을 통해 제시하신 가치 체계는 세상의 가치 체계와 완전히 상반된다. 따라서 누구든 예수님의 길을 따르는 사람은 오해와 비방과 박해를 당할 각오를 해야 한다. 그래서 흔히 박해는 진정한 믿음의 증거로 여겨진다. 마르틴 루터(Martin Luther)도 고난을 참된 교회의 특징 중 하나로 꼽았다.

하지만 '참된' 크리스천처럼 보이기 위해 전혀 박해가 아닌 것을 박해라고 주장하는 사람들이 적지 않다. 오늘날 이런 현상은 두 가지 모습으로 나타난다. 첫째, 한때 기독교가 누리던 특권이 줄어들고 있는데(예를 들어, 공적인 영역에서 기도나 기독교의 상징물이 사라지고 있다) 이런 특권의 상실을 박해로 착각할 수 있다.

둘째, 우리는 많은 이들이 문화적 정치적 힘을 얻고자 '희생자'를 자처하는 이상한 시대에 살고 있다. 오늘날, 박해를 받는 사람으로 보일 때 얻는 이점이 있다. 남들의 연민을, 문화적

특권 상실 ≠ 박해

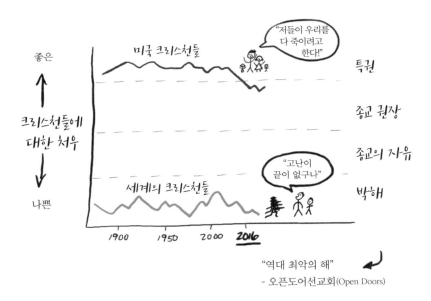

2억 1,500만 명의 크리스천들이 심한 혹은 매우 심한
혹은 극심한 박해를 받고 있다.

정치적 상대들을 공격하기 위한 수단이나 자신의 불의한 태도와 행동을 정당화하기 위한 구실로 사용할 수 있다.

우리는 이 두 가지를 거부해야 한다. 박해는 크리스천들이 추구해야 할 것이 아니다. 박해는 세상의 특권이 아닌 하나님 나라를 구할 때 찾아오는 부수적인 결과일 뿐이다.

 베드로전서 2장 19-25절; 요한복음 15장 18-27절 참조

11 평범한 사람들을
사용하신다

　　예수님이 산상수훈을 누구에게 전하셨는지 기억해야 한다. 마태는 예수님이 "무리"에게 말씀하셨다고 기록하고 있다. 어떤 역본들에서는 "무리"를 "군중"으로 번역하였다. 이 무리는 특별할 것 없는 평범한 이들이었다. 갈릴리의 하층민들이었다. 힘을 가진 로마인들도, 지혜로운 아테네인들도, 예루살렘의 종교 학자들도 아니었다. 예수님은 오합지졸 학생들 중 그나마

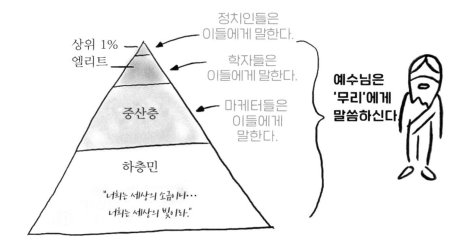

엘리트들만 추려서 가르치시지도 않았다. 산상수훈의 청중은 누구 하나 특별하지 않았다.

　그런데도 예수님은 이 평범한 무리에게 "너희는 세상의 소금이니 … 너희는 세상의 빛이라"라고 말씀하셨다. 이 선포의 범위가 실로 놀랍다. 예수님은 이들을 갈릴리가 아닌 온 세상의 소금과 빛으로 부르셨다. 가이사나 헤롯이나 플라톤 따위는

잊으라. 세상은 더 많은 유튜브 스타나 SNS 유명인을 필요로 하지 않는다. 예수님은 특별하신 하나님의 도를 따르는 평범한 사람들에게 세상을 변화시킬 힘이 있다고 인정해 주셨다.

우리 모두가 놀라운 업적으로 세상을 바꿀 수 있다는 뜻이 아니다. 특별히 눈에 띄는 점이 없어도 그분을 따르는 사람이 세상에 가장 필요한 사람이라는 뜻이다. 1세기를 살았던 플리니우스(Pliny)는 세상에서 "소금과 빛"보다 더 유용한 것은 없다고 말했다. 마찬가지로, 어두운 세상 속에서 예수님의 가르침을 따르는 평범한 사람보다 더 유용한 사람은 없다.

세상의 소금과 빛이 되기 위해서 꼭 대단한 업적을 선보이거나 막대한 영향력을 쌓을 필요는 없다. 지금 세상에 절실히 필요한 것은 야심이 가득한 크리스천이 아니다. 소금과 빛은 늘 하나님과 교제하는 평범한 삶의 결과물이다. 세상은 이런 평범한 소금과 빛의 모습인 사람을 절실히 필요로 한다.

 고린도후서 5장 16-17절; 골로새서 3장 10-11절 참조

12 우리의 빛을 사람 앞에 비추어야 할 때

　　산상수훈에는 한 가지 수수께끼가 있다. 예수님은 제자들을 "세상의 빛"으로 부르셨다. 빛의 목적은 주변을 밝히는 것이다. 예수님은 산 위의 동네가 숨겨지지 못하고 등을 밝힌 뒤에 덮개를 씌우는 사람은 세상에 없다고 말씀하셨다. 예수님은 "너희 빛이 사람 앞에 비치게 하여 그들로 너희 착한 행실을 보고 하늘에 계신 너희 아버지께 영광을 돌리게 하라"라고 명령하셨다.

이는 대외적인 경건에 대한 명령처럼 보인다. 남들이 볼 수 있는 종교적인 표현을 명령하신 것처럼 보인다. 하지만 산상수훈을 계속해서 읽어 보면 정반대처럼 보이는 가르침이 등장한다. 예수님은 남몰래 헌금이나 기부를 하고, 혼자서 기도하고 금식할 때 남들의 관심을 끌지 말라고 가르치신다. 상반된 것처럼 보이는 이 두 명령을 어떻게 받아들여야 할까? 대외적인 경건과 사적인 경건 중 무엇이 옳을까?

우리는 먼저 의도의 중요성을 알아야 한다. 예수님은 종교지도자들이 사람들의 인정을 받기 위해 구제하고, 기도하고, 금식하는 것을 꾸짖으셨다. 또한 예수님은 우리가 영광을 받는 것이 아니라 하나님께 영광을 돌리기 위해 "너희 빛이 사람 앞에 비치게" 하라고 명령하셨다. 마찬가지로 우리는 어떤 행위를 남몰래 할지 공개적으로 할지 판단할 때는 자신의 동기를 유심히 살펴야 한다.

또 예수님께서 드러내지 말라고 지시하신 행위들(헌금이나 기부, 기도, 금식)은 하나님에 대한 개인적인 헌신의 행동들이다. 내가 금식하는 것이 내 이웃에게 유익을 주지 않는다. 그리고 우리의 헌금이나 기부로 가난한 사람들이 도움을 받을 수 있지

대외적인 의 VS 사적인 의

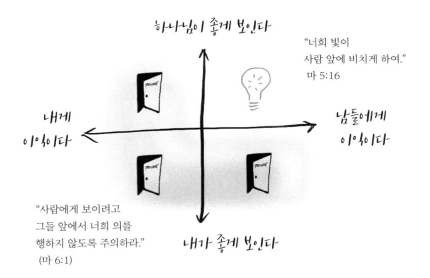

하나님이 좋게 보인다

"너희 빛이
사람 앞에 비치게 하여."
마 5:16

내게
이익이다

남들에게
이익이다

"사람에게 보이려고
그들 앞에서 너희 의를
행하지 않도록 주의하라."
(마 6:1)

내가 좋게 보인다

61

만 옛 이스라엘에서는 이것도 주로 하나님께 대한 헌신의 행위로 보았다.

반면, 예수님이 소금의 방부 효과와 빛의 주변을 밝히는 힘에 빗댄 "착한 행실"은 남들에게 도움이 되는 것들이다. 따라서 이런 가이드라인에 따라 행동하면 된다. 어떤 행위가 내게 이익이 되거나 내 영광으로 이어지는 것이라면 남몰래 해야 한다. 반면, 남들의 유익과 하나님의 영광을 위한 행위라면 숨기지 말아야 한다.

 베드로전서 2장 11-12절; 마태복음 6장 1-6절 참조

소금과 빛이라는 두 소명

서구 교회, 특히 미국 교회는 하나님과의 개인적인 화해(전도)와 사람들 사이의 화해(정의) 중에서 무엇이 먼저냐는 문제로 수십 년간 분열을 겪었다. 보수적인 크리스천들은 전도만을 외쳤고, 진보적인 크리스천들은 정의에만 초점을 맞추었다. 산상수훈에서 소금과 동시에 빛이 되라는 예수님의 명령이 이 분열을 해결하는 데 도움이 될 수 있다.

정의 VS 전도 논쟁

사람들이 우리의 메시지를 믿게 하기
위해서는 '먼저' 세상의
악과 싸워야 한다.

우리가 '먼저' 복음으로 변화되어야
세상을 변화시킬 수 있다.

'먼저' 사랑을 품고
그 사랑으로 선교를 해야 한다.

    과거에 소금은 방부제로 사용되었다. 냉장고가 나오기 전
에는 고기 등이 썩는 것을 늦추거나 막아 주는 소금이 필수품
이었다. 빛은 2천 년 전이나 지금이나 동일한 기능을 한다. 예
수님이 우리를 소금과 빛으로 부르신 것은 세상 속에서 이 두
가지 기능을 수행하게 하시기 위함이다.

    소금이 부패를 막는 것처럼 우리도 악이 삶에 침투하지 못하도록 막을 방어적인 책임이 있다. 불의로부터 세상이 썩는 것을 늦추거나 막아야 한다. 또한 빛처럼 진리와 선함을 통해 아름다운 세상을 만들기 위한 공격적인 책임도 있다. 우리는 하나님 나라의 특성들을 세상 곳곳에 전파해야 한다.

존 스토트는 사회 책임과 전도가 둘 다 꼭 필요함을 강조했다.

> 소금과 빛이 되라는 두 소명, 사회적인 책임과 복음 전도의 책임이 상충하게 해서는 안 된다. 둘 중 하나를 선택해야 하는 것이 아니다. 둘 중 하나만 지나치게 강조하거나 둘 중 하나를 경시해서는 안 된다. 이 둘은 상호배타적이지 않다. 세상은 둘 다를 필요로 한다. 왜냐하면 썩을만큼 썩은 세상은 소금이 필요하고 악으로 어둡기 때문에 빛이 필요하다. 다시 말해, 사회적 책임과 복음 전도 모두 우리의 소명이다. 예수 그리스도가 그렇게 말씀하셨으니 더 이상 무슨 말이 필요한가.[2]

이사야 58장 6-10절; 마태복음 28장 17-20절 참조

14 　더 이상 거룩함의 동굴에
　　　숨지 말라

　　왜 세상은 이토록 악한가? 누구의 탓인가? 이는 우리가 관심을 기울이고 고민하는 질문들이다. 특히 사회가 점점 더 다원화되고 분열되는 지금, 이런 질문에 많은 관심이 쏠린다. 크리스천들은 악한 세상에 맞서 시대마다 다르게 반응해 왔다. 때로 우리는 안전한 거룩함의 동굴 속으로 피신했다. 또 많은 크리스천이 부패한 사회에 등을 돌렸다. 그 다음 수순은 대개

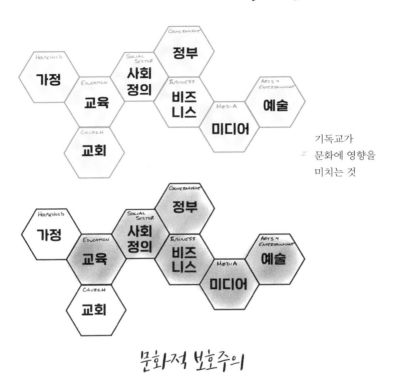

문화 참여

가정 · 교육 · 교회 · 사회정의 · 정부 · 비즈니스 · 미디어 · 예술

기독교가
= 문화에 영향을
미치는 것

문화적 보호주의

사회 문제에 대해 다른 집단에게 비난의 화살을 돌리는 것이
었다.

하지만 세상의 소금과 빛이 되라는 예수님의 명령에 따라

이런 반응 중 하나로 흐르는 우리의 성향을 억눌러야 한다. 예수님은 소금과 빛의 목적이 긍정적인 영향이라는 점을 분명히 말씀하셨다. 덮여져 있는 빛은 쓸모없다. 방부 효과를 잃은 소금도 쓸모가 없다. 어둡고 썩은 세상을 떠나면 소금과 빛의 역할을 감당할 수 없다.

안타까운 현실에 대해 남들을 탓하면서 세상을 떠나기 전에 먼저 자신의 동기를 살펴야 한다. 혹시 자기 의를 지키기 위해서 행동하지 않는가? 세상의 문제들에 대한 책임을 회피하기 위해서 도망한 것은 아닌가?

예수님은 우리에게 이런 선택 사항의 여지를 남겨두지 않으셨다. 빛을 숨기는 일은 불가능하다. 소금을 안전한 창고에 보관만 해 두는 것은 아무런 의미가 없다. 사회가 잘못된 길로 흐를 때 비신자들을 탓하기 전에 먼저 자신을 돌아봐야 한다. 우리의 환경과 상황은 어떠한가? 크리스천들이 피하고 싶은 현실을 위해 어떤 노력을 했는가? 아니면 상황을 더 악화시켰는가? 우리가 소금과 빛의 소명을 잘 감당해 왔는가?

 베드로전서 2장 9-11절; 이사야 49장 5-9절 참조

15 '예수'라는 렌즈로 보는 성경

크리스천들은 성경을 두 가지 방식으로 읽는다. 하나는 구약과 신약 전체 66권을 읽는다. 그리고 또 하나는 자주 읽고 묵상하고 적용하는 성경 중심으로 읽는다. 이러한 성경에는 우리가 늘 읽고 삶에 적용하려고 노력하는 구절들이 포함되어 있다. 이처럼 선별해서 성경을 읽는 경우에는 각 사람마다 다르지만, 주로 귀에 익은 사복음서와 비유들, 바울 서신, 자주 읽히

당신은
어떻게 성경을 읽는가?

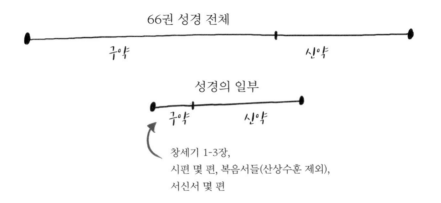

66권 성경 전체

구약

신약

성경의 일부

구약   신약

창세기 1-3장,
시편 몇 편, 복음서들(산상수훈 제외),
서신서 몇 편

는 몇몇의 시편으로 이루어져 있다. 만약 산상수훈이 읽기 싫으면 그 부분은 제외한다. 이런 방식으로 성경을 읽는 사람들이 66권의 성경 전체를 자세히 읽어 보면 놀란다.

이처럼 크리스천들이 성경을 읽는 이유는 구약을 잘 몰라도 예수님을 이해하는 데 무리가 없기 때문이다. "구약은 더 이상 우리 삶에 적용되지 않아." 많은 크리스천들이 이런 생각을 하며 구약의 율법과 선지서들을 무시한다. "예수님과 사도들이 쓴 말씀만 있으면 돼."

하지만 예수님은 그렇게 말씀하시지 않았다. 예수님은 율법과 선지자를 폐하러 오시지 않고 오히려 완전하게 하려고 오셨다고 분명히 선포하셨다. 완전하게 한다는 것은 끝마친 뒤에 폐기한다는 뜻이 아니라 말 그대로 완성한다는 뜻이다.

다시 말해, 예수님은 자신을, 구약성경에 예언된 사람임을 분명히 하셨다. 그래서 예수님을 이해하려면 모세오경과 선지서들을 렌즈로 삼아 신약성경을 봐야 한다. 마찬가지로, 모세오경과 선지서들을 이해하려면 예수님이라는 렌즈를 통해야만 한다. 예수님은 성경 전체의 열쇠이며, 예수님의 가르침을 올바로 이해하고 실천하려면 성경 전체가 필요하다.

 시편 1편 1-6절; 디모데후서 3장 16-17절 참조

16 선한 행동을 하는 사람이 아닌
선한 사람이 되야 한다

바리새인들은 구약의 율법을 철저히 지킨, 매우 종교적인 사람들이었다. 사실 그들은 하나님의 명령을 조사 하나까지 완벽히 알고 외우고 실천하는 일에 목숨을 걸었다. 하지만 예수님은 율법의 중요성에 관해서 "너희 의가 서기관과 바리새인보다 더 낫지 못하면 결코 천국에 들어가지 못하리라"라고 말씀하셨다. 이 구절을 이해하는 것이 산상수훈의 남은 부분을 이

외적인 규칙 VS 내적인 은혜

악을 보지 않는다

악을 듣지 않는다

악을 원하지 않는다

악을 말하지 않는다

해하는 열쇠다.

　바리새인들은 율법의 외적이고 가시적인 측면들을 지키려고 애썼다. 하지만 그들의 의는 행동을 넘어 마음까지 깊이 파고들지 못했다. 예수님은 외적인 순응에 관심이 없으셨다. 그분은 우리 마음의 변화에 주목하셨다. 진정한 의는 마음의 차원에서 이루어져야 한다. 우리에게 필요한 것은 내적인 변화이다. 내면이 올바로 서 있으면 외적인 행동은 자연스럽게 따라오게 되어 있다.

　지금도 외적인 행동 기준만 지킬 뿐, 내적인 태도에는 별로 신경을 쓰지 않는 크리스천들이 많다. 우리는 경건해 보이는 겉모습을 환영하고, 그럴듯한 말에 귀 기울이고, 종교 활동에 열심히 참여하기만 하면 고개를 끄덕이고 더 깊이 들여다볼 생각을 하지 않는다. 그 속에서 분노나 탐욕, 질투, 원한, 정욕, 편협이 들끓고 있든 말든 신경을 쓰지 않는다. 얼마나 안타까운 일인가!

　오늘날 우리가 환영하고 대접하는 외향만 멀쩡한 이들을 예수님께서는 하나님 나라에는 맞지 않는다고 말씀하셨다. 예수님은 눈에 선해 보이는 사람들, 심지어 선한 행동을 하는 사람들을 원하시지 않는다. 예수님은 진짜 선한 사람들을 원하신다. 이런 내적인 변화는 율법만으로는 불가능하다.

 예레미야 31장 31-34절; 갈라디아서 5장 16-24절 참조

PART 3

선한 척이 아니라
선한 사람이길
원하신다

**WHAT
IF JESUS
WAS SERIOUS?**

옛 사람에게 말한바 살인하지 말라
누구든지 살인하면 심판을 받게 되리라 하였다는 것을
너희가 들었으나 나는 너희에게 이르노니
형제에게 노하는 자마다 심판을 받게 되고
…
이는 네가 한 터럭도 희고 검게 할 수 없음이라
오직 너희 말은 옳다 옳다 아니라 아니라 하라
이에서 지나는 것은 악으로부터 나느니라
(마 5:21-37)

17 분노 같은 위험한 무기

눈먼 사람의 총기 소유를 허용해야 할까? 이는 2013년 한 법정 논쟁의 초점이었다. '은닉 휴대'(Conceal and Carry) 법을 시각장애인들에게로 확대해야 한다고 주장하는 이들은 총기 소유 및 휴대가 모든 미국인의 권리이기 때문에 시각장애로 제한을 받는 것은 차별이라는 논리를 펼쳤다. 놀랍게도 법원은 이들의 손을 들어 주었다. 이 판결은 법적 판단과 상식적 판단 사

분노한
세 마리의
맹인 쥐

이의 격차를 여실히 보여 준다.

분노에 대해서도 같은 차이가 존재한다. 성경을 근거로 크리스천들의 '의로운 분노'를 정당화하는 이들이 많다. 실제로 성경을 보면 하나님이 진노하신 사건들을 볼 수 있다. 구약에는 하나님의 진노에 관한 인기 없는 이야기들이 있고, 신약에는 예수님이 성전의 탁자들을 뒤엎고 종교 지도자들의 위선을 독하게 꾸짖으신 장면이 있다. 그렇다면 우리 주님이 의로운 분노를 발하셨으니 우리도 그분을 따라 때때로 분을 내어도 되는 것일까?

옳은 마음을 품고 충분한 훈련을 받으면 분노를 의롭게 발할 수도 있다. 하지만 대부분의 경우, 우리의 분노는 파괴적인 힘일 뿐이다. 솔직히 나는 모든 상황을 분명하게 보는 경우가 드물다. 그렇기 때문에 분노 같은 위험한 무기는 완벽한 시각을 지닌 사람만이 올바로 사용할 수 있다. 물론 완벽하신 우리 예수님은 분노를 의롭게 사용하셨을 것이다.

하지만 나는 스스로를 믿을 수 없다. 나는 분노를 잘못 발해서 사람들에게 상처를 준 적이 너무 많다. 일일이 다 기억도 나지 않을 정도다. 내 실수와 아울러 예수님이 산상수훈에서 하신 말씀을 생각하면 분노는 멀리해야 옳다. 예수님은 살인을 금하는 계명을 언급한 뒤 외적인 폭력 행위로부터 그 행위를 일으키는 내적인 자세 쪽으로 우리의 관심을 돌리신다. 예수님에 따르면 분노야말로 진짜 문제다. 그렇다면 분노가 항상 나쁜 것일까? 그렇지는 않다. 하지만 분노는 너무 파괴적이고 위험해서 우리 삶에서 아예 제거하는 편이 안전하다.

마음속에 분노를 끓인 적이 많았다고 고백하는 기도를 드리라. 자신의 분노를 정당화한 적이 있는가? 모든 상황을 분명하게 보실 수 있는 유일한 분인 하나님 앞에 당신의 분노를 내려놓을 수 있겠는가?

 출애굽기 20장 13절; 갈라디아서 5장 16-24절 참조

18 분노에 중독된
교회와 세상

    교회와 세상이 분노에 중독되어 있는 듯하다. 어떤 이유에
서든 분노를 이해하는 세상이 되었다. 아니, 분노하는 것이 당
연한 것처럼 생각한다.

    내가 팟캐스트나 설교에서 충분한 분노를 표출하지 않으
면 분노가 빠진 것에 분노한 다른 크리스천들에게서 당장 공격
이 날아온다. 트윗이나 댓글이나 이메일로 "어떻게 되든 상관

'새로운' 성령의 열매
(디지털 세대를 위한 업데이트)

| 사랑 | 희락 | 화평 | 오래참음 | 자비 | 양선 | 분노 | 충성 | 온유 | 절제 |

없다는 건가요?"라는 다그침이 빗발친다. 그때마다 크리스천으로서 나에 대한 신뢰감이 분노하는 능력에 달려 있다는 생각마저 든다. 일부 기독교 단체들은 특히 온라인상에서 쉽게 분노하는 모습을 본다. 분노를 성령의 열매로 착각하는 것은 아닐까 걱정이 될 정도다. 예수님은 분노가 우리 영혼에 유해하다고 그토록 분명하게 말씀하셨는데 어떻게 우리는 분노를 이

렇게 당연하게 받아들일 수 있는가?

우리가 매일 미디어에 둘러싸여 살다 보니 미묘한 감정들을 느끼는 능력을 상실한 탓일까? 이 자극 과잉의 시대에는 오직 분노의 불길만 우리의 관심을 끌 수 있다. 어떤 감정을 전달하든 분노를 곁들이지 않으면 감정이 아예 없는 사람 취급을 당한다. 아니면 우리가 교회의 문화적 영향력 상실 앞에서 슬픔의 두 단계에 접어든 것일까?

첫 번째 단계는 부인이었다. 처음에 우리는 교회 출석 숫자와 문화적 영향력 감소의 분명한 증거를 부인했다. 일부 낙천주의자들은 여전히 슬픔의 이런 첫 단계에 머물러 있다. 하지만 대부분의 크리스천들이 이제 두 번째 단계인 분노로 갔다.

우리가 슬픔의 과정에서 분노에 끌리는 것이라면, 결국 타협과 우울을 거쳐 우리가 문화를 좌지우지하던 시대는 갔다고 인정하는 수용의 또 다른 단계에 이를 것이다. 그때까지는 분노의 대열에 합류하려는 유혹을 뿌리칠 방법들을 찾아야만 한다.

 야고보서 1장 19-20절; 시편 37편 8-9절 참조

19 **분노의 씨앗이 맺은
경멸의 열매**

　　산상수훈에서 예수님은 분노가 살인으로 이어지는 마음의
태도라고 말씀하셨다. 분노는 대부분 파괴적인 행위를 낳는 씨
앗이다. 따라서 반드시 우리 마음에서 분노를 몰아내야 한다.
혹시 당신은 다혈질인가? 뜻대로 되지 않으면 화를 내지는 않
는가? 반대로 그렇지 않다 해도 차분한 성격이 꼭 마음이 올바
르다는 증거는 아니다.

예수님은 다른 종류, 더 독한 종류의 분노에 관해 말씀하셨다. 그것은 바로 경멸이다. 현대 크리스천들은 남을 모욕하지 말라는 예수님의 경고를 자신과 상관없는 이야기로 가볍게 넘기곤 한다. 이것은 큰 실수다.

산상수훈에서 예수님이 사용하신 모욕의 말은 "라가"(raca)다. 이 단어는 가래침을 뱉을 때 나는 소리에서 파생했다. 이런 종류의 경멸은 단순한 분노와는 다르다. 경멸은 상대방의 내적 가치를 무시하는 것이다. 상대방을 분노할 가치조차 없는 인간 이하로 취급하는 행위다. 상대방에 대한 일말의 관심이나 배려나 존중조차 거두어 들이는 것이다.

우리 문화에서는 정치적 시각, 인종, 성, 경제적 지위, 종교가 다른 사람들을 무가치하게 보는 일이 너무도 흔하다. 사실, 정치계와 언론계의 많은 리더들이 이런 방식으로 지지자들을 모은다. 물론 우리가 지혜와 분별력을 발휘해서 지지할 집단이나 이념을 선택해야 하지만, 그 집단이나 이념에 대한 헌신이 반대자들에 대한 경멸로 이어져서는 안 된다.

2016년에 세상을 떠난 안토닌 스칼리아(Antonin Scalia) 대법관은 보수 진영에게는 영웅이었고, 진보진영에게는 두려운 존재였다. 양진영 모두 그의 탁월함, 그리고 그의 혀와 펜의 날

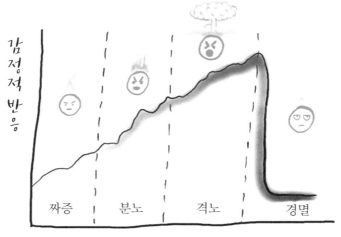

감정적 반응

짜증 | 분노 | 격노 | 경멸

미움의 정도

카로움을 인정했다. 하지만 동시에 그는 반대자들에게도 사랑을 받았다. 아마도 그것은 그가 자신의 신념을 고수하면서도 반대자들을 경멸하지 않았기 때문일 것이다. 생전에 그는 이런 말을 했다. "나는 이념을 공격하지, 사람을 공격하지는 않는다. 세상에는 아주 나쁜 이념을 품은 아주 좋은 사람들이 있다. 이 둘을 구분하지 못하면 다른 일을 찾아야 한다."[1]

더 많은 사람이 신념에 상관없이 그의 본을 따라야 한다.

누가복음 6장 37-38절; 로마서 12장 14-21절 참조

20 누구도 투명 인간일 수 없다

초등학교 시절을 떠올려 보라. 우리 반의 한 아이를 기억할 것이다. 어쩌면 당신이 그 아이였는지도 모르겠다. 선생님이 "그냥 관심을 받고 싶어서 저러는 거야!"라며 밥(Bob)을 상대하지 말고 무시하라고 말했던 기억이 난다. 하지만 그럴 수는 없었다. 초등학생에게 자신이 쓰고 있던 안경을 빼서 입에 넣는 친구를 못 본 체하라는 것은 불가능한 지시다. 밥을 좋아하

누가 '투명 인간'인가?

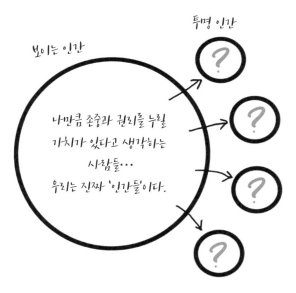

투명 인간

보이는 인간

나만큼 존중과 권리를 누릴
가치가 있다고 생각하는
사람들···
우리는 진짜 '인간들'이다.

포용하거나 보호해 줄 가치가
없다고 생각하는 사람들이
부당한 대우를 받든 말든 내 알 바가 아니다.
그들은 '인간 이하의 존재들'이다.

거나 미워할 수는 있어도 신경을 쓰지 않을 수는 없었다.

초등학교 시절의 이런 경험은 예수님이 산상수훈을 통해 전해 주신 한 가지 진리를 밝혀 준다. 누군가를 향해 분노를 끓이는 것은 위험하지만 그를 경멸하는 것은 더욱 위험하다. 경멸은 상대방을 완전히 무시하는 행위다. 달라스 윌라드는 《하나님의 모략》(The Divine Conspiracy)에서 경멸이 일반적인 분노보다 나쁜 이유를 다음과 같이 설명했다.

> 분노는 상대방이 상처를 입기를 바라는 행동이다. 경멸은 상대방이 상처를 입든 말든 신경을 쓰지 않는 행동이다. 최소한, 신경 쓰지 않는다고 말하는 것이다. '너 따위는 안중에도 없어'라고 말하는 것이다. 상대방에게 분노하면서도 그의 가치는 부인하지 않을 수 있다. 하지만 상대방을 경멸하면 그에게 상처나 모욕을 주기가 쉬워진다.[2]

이렇게 상대방을 경멸해서 인간 이하로 취급하는 것은 모든 끔찍한 잔혹 행위의 출발점이다. 예를 들어, 나치는 유대인들을 인간 이하(Untermenschen)로 취급했다. 데이비드 리빙스톤 스미스(David Livingstone Smith)는 홀로코스트를 조사한 끝에 나치가 "(유대인들을) 인간 이하'처럼' 취급한 것이 아니라 '말 그대로' 인간 이하로 취급했다"는 결론을 내렸다.[3] 유대인들을 인간의 부류에서 제외시키고 나자 그들에 대한 그 어떤 행동도 거리낄 것이 없어졌다.

　　누군가를 경멸하는 행동은 그에게 일말의 관심, 심지어 안 좋은 관심조차 줄 가치가 없다고 생각하는 것이다. 이제 그들은 우리에게 투명 인간이 된다. 미움도 사랑도 느껴지지 않는 그냥 사물이 된다. 그래서 우리 목적에 방해가 되면 해충처럼 제거해 버린다. 하나님의 형상에 따라 창조된 사람들에게 이토록 무관심해진 마음은 하나님 나라에 적합하지 않다. 우리 하늘 아버지께 투명 인간은 없다. 하나님의 관심을 받을 만한 가치가 없는 사람은 아무도 없다.

 마가복음 10장 46-52절; 히브리서 4장 13절 참조

21 선을 넘지 않는 것만이 능사가 아니다

    십계명과 구약의 율법들은 하나님 백성들의 행동을 위한 가드레일의 집합이라고 말할 수 있다. 여느 고대 사회와 마찬가지로 이스라엘도 폭력과 복수 그리고 악한 쾌락주의의 순환에 빠져 있었다. 하나님은 그분의 백성들이 이런 세상의 악영향을 극복하고 번영할 수 있도록 계명들을 주셨다. 만약 하나님의 법을 따른다면 수많은 고대 사회들처럼 옳은 길에서 벗어

내적인 의 vs 외적인 의

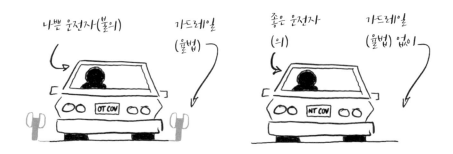

나쁜 운전자(불의) 가드레일 (율법) 좋은 운전자 (의) 가드레일 (율법) 없이

OT COV NT COV

가드레일은 좋지만, 가드레일이 필요하지 않은
운전자가 되는 것이 더 좋다.

나 파멸로 치닫지 않을 수 있었을 것이다.

일곱 번째 계명도 이런 목적으로 주어졌다. 하나님 백성들
은 결혼의 언약을 지킴으로써 사회적 안정과 성장의 기반을 마
련할 수 있었다. 가정이 안정되면 여성과 아이들의 삶이 안전
해졌다. 즉, 간음을 금한 율법은 개인의 도덕만을 위한 것이 아
니라 사회의 안정을 위한 것이었다. 그 법은 사회 전체가 밝은

미래로 가는 길에서 벗어나지 않게 해 주는 가드레일이었다.

하지만 가드레일만으로는 충분하지 않다. 가드레일이 통제력을 잃은 운전자가 벼랑 아래로 떨어지지 않도록 막아 줄지는 몰라도 그가 자동차 경주 세계 챔피언처럼 운전하게 해 주지는 못한다.

산상수훈에서 예수님은 간음하지 말라는 일곱 번째 계명을 언급하면서도 "음욕을 품고 여자를 보는 자마다 마음에 이미 간음하였느니라"라고 말씀하셨다. 예수님은 단순히 선한 행동을 원하시지 않는다. 예수님은 우리가 근본적으로 선한 사람이기를 원하신다. 운전 기술이 뛰어나서 차를 완벽히 통제할 수 있는 베스트 드라이버한테는 가드레일이 필요하지 않기 때문이다.

그저 선을 넘지 않기 위해서만 노력하고 있는가? 파멸하지 않도록 규칙을 지키는 데만 급급하고 있는가? 아니면 가드레일의 한계를 깨달았는가?

 잠언 6장 20-29절; 출애굽기 20장 14절 참조

22 음욕은 선택의 문제다

　익히 잘 알고 있겠지만 우리는 성적으로 문란한 시대에 살고 있다. 이 상황에 대한 교회의 반응은 주로 두 가지였다. 비난 혹은 적응이다. 비난은 단순화이자 과잉반응이다. 비난은 단순히 "성적 타락은 나쁜 것이다"라고 말한다. 이 대응은 성에 대한 우상숭배로부터 크리스천들을 보호하려는 것이지만 건강한 대안을 제시하지 않기 때문에 유익보다 해를 끼칠

내 음욕은 누구의 책임인가?

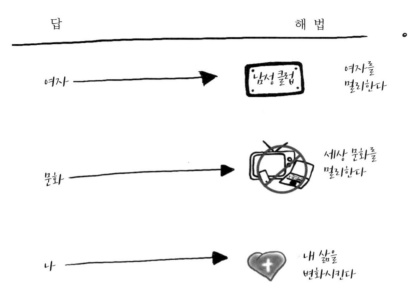

답		해법
여자 ──────────▶	남성 클럽	여자를 멀리한다
문화 ──────────▶		세상 문화를 멀리한다
나 ──────────▶		내 삶을 변화시킨다

때가 많다.

　반면, 적응은 '욕구는 통제할 수 없다'는 세상의 논리를 인정하는 것이다. 적응은 우리 모두가 거부할 수 없는 성적 급류를 따라가는 키 없는 배와 같다는 세상의 논리에 동의하는 것이다. 성적으로 노골적인 이미지를 너무도 쉽게 접할 수 있는 시대가 되면서 교회 안에서도 적응의 목소리가 높아졌다.

　비난과 적응의 이면에는 모두 우리가 욕구의 수동적인 희생자라는 전제가 깔려 있다. 둘 다 우리 문제에 대해 전적으로 세상을 탓하는 것이다. 하지만 산상수훈은 이 문제를 좀 더 복합적으로 다룬다. 예수님은 "음욕을 품고 여자를 보는 자마다 마음에 이미 간음하였느니라"라고 말씀하셨다. 여기서 "음욕"이란 표현이 중요하다. 이 표현이 빠지면 여자를 보기만 해도 죄라거나 여자를 보기만 해도 음탕한 생각이 떠오른다고 착각할 수 있다. 그렇지 않다. 음욕은 선택의 문제다. 음욕은 우리가 의도하는 것이다. 계속해서 음욕을 선택하다보면 나중에는 의식하지 않아도 음욕이 생기지만, 처음부터 그런 것은 아니다.

　예수님은 성욕에 대해서 우리를 나무라시지 않았다. 심지어 뜻밖의 혹은 원치 않는 유혹으로 일어난 성욕에 대해서도 지적하지 않으셨다. 그리고 예수님은 음욕에 대해 여자나 세상 문화 같은 외적 요인을 탓하지 않으셨다. 다만 의도적으로 음탕을 추구할 때 나타나는 변질에 대해서만 경고하셨다.

 디모데후서 2장 22절; 야고보서 1장 13-15절 참조

23 마음의 변화는
   행동의 결과를 낳는다

　산상수훈에서 가장 이해하기 힘든 대목 중 하나는 눈이나 손이 죄를 짓게 만들면 빼어버리고, 잘라버리라는 말씀이다. 도대체 이 말씀은 무슨 뜻일까?

　수세기 동안 적지 않은 사람들이 이 말씀을 문자 그대로 받아들여 죄를 피하기 위해 자신의 신체를 절단했다. 다행히 대부분의 학자들은 이 말씀에서 예수님이 과장법을 사용하셨

"천국으로 굴러들어가는
팔다리 없는 몸뚱이에 대해
들어봤소?"

그렇다. 예수님도
유머와 과장법을
사용하셨다.

다고 말한다. 하지만 어디까지가 과장이고 어디까지가 진담인지 대해서는 의견이 분분하다.

예를 들어, 오스왈드 챔버스(Oswald Chambers)는 이 구절을 "영적 삶을 위해 정말 많은 것들을 과감히 잘라내면서"까지 거룩함을 추구하는 "엄격한 훈련"에 대한 명령으로 받아들였다.[4]

반면, 예수님의 말씀이 랍비식 풍자이기 때문에 있는 그대로 받아들여서는 곤란하다는 이들도 있다. 예를 들어, 달라스 윌라드는 눈을 뽑고 손을 자르라는 말씀이 외적인 율법 준수에 집착하는 종교적인 사람들의 문제점을 꼬집으신 것이라고 말했다.

> (바리새인들의) 시각에서는 죄를 피하면 율법을 충족시켜 선함을 얻을 수 있다. … 악한 행동을 유발하는 신체 부위들을 제거하기만 하면 죄를 피할 수 있다. 그러면 팔다리 없는 몸뚱이로 굴러서라도 천국에 들어갈 수 있다.
>
> … 하지만 이 구절에서 예수님은 이런 식으로 하면 실제로 조금이라도 도움이 된다고 말씀하신 것이 전혀 아니다. 예수님의 가르침은 오히려 정반대다. 팔다리가 없는 몸뚱이에도 여전히 악한 마음이 있을 수 있다. … 신체 부위를 제

거해도 그 마음을 바꿀 수는 없다.[5]

　그렇다면 예수님의 가르침을 어떻게 해석해야 할까? 문자 그대로 읽든 풍자로 읽든 상관없이 한 가지 진리를 발견할 수 있다. 윌라드가 필요하다고 말한 마음의 변화가 이루어지면 챔버스가 말한 "엄격한 훈련"을 비롯한 새 행동들이 나타난다.

　따라서 거룩함을 외적인 상태나 내적인 상태 중 어느 하나로 여기는 것은 잘못된 생각이다. 거룩함은 우리의 의도와 행동이 함께 변하는 것이다.

 히브리서 12장 1-4절; 시편 119편 6-16절 참조

PART 4

인류는 사랑하면서
곁에 있는 인간을
미워하지 말라

**WHAT
IF JESUS
WAS SERIOUS?**

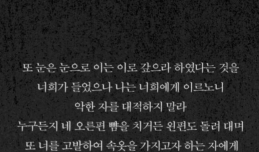

또 눈은 눈으로 이는 이로 갚으라 하였다는 것을
너희가 들었으나 나는 너희에게 이르노니
악한 자를 대적하지 말라
누구든지 네 오른편 뺨을 치거든 왼편도 돌려 대며
또 너를 고발하여 속옷을 가지고자 하는 자에게
겉옷까지도 가지게 하며
...
그러므로 하늘에 계신 너희 아버지의
온전하심과 같이 너희도 온전하라
(마 5:38-48)

**내 눈앞의
짜증나는 인간들**

우리는 사람들을 친구와 적, 좋아하는 사람들과 좋아하지 않는 사람들, 우리 편과 상대편, 이렇게 두 부류로 나누는 경향이 있다.

물론 대부분의 크리스천들은 누구도 미워하는 것을 원하지 않으리라 믿는다. 우리는 이웃을 사랑하라고 배웠고, 틈만 나면 원수를 사랑해야 한다는 설교를 듣는다. 하지만 이 고귀

나르시스트는 오직 자신만 사랑한다.

민족주의자는 오직 자기 민족만 사랑한다.

혁명가는 오직 자신의 명분만 사랑한다.

이상가는 오직 자신의 사상만 사랑한다.

인문주의자는 오직 자신의 인류관만 사랑한다.

크리스천은 눈앞의 짜증나는 인간을 사랑한다.

한 이상을 말로 외치는 것과 실천하는 것에는 큰 차이가 있다.

《카라마조프가의 형제들》(*The Brothers Karamazov*)에서 표도르 도스토옙스키(Fyodor Dostoyevsky)는 우리가 '인류'를 사랑하면서 실제 인간은 미워할 수 있다는 이야기를 했다.

인류를 사랑할수록 특정한 인간을 사랑하기가 힘들어진다.
인류를 위해 거대한 계획을 세우는 꿈을 꾸곤 했다. 필요하다면 기꺼이 십자가를 질 수도 있다. 하지만 누구와도 한 방에서 이틀을 지내는 것은 견딜 수가 없다. 누구든 가까워지기만 하면 그 사람의 특이한 점이 나를 불편하고 힘들게 만든다. 아무리 좋은 사람이라도 24시간이면 싫어지기 시작한다. 어떤 이는 저녁을 너무 오래 먹어서 싫고, 또 다른 이는 감기에 걸려서 연신 코를 풀어 대서 싫다. 누구든 가까워지는 순간, 싫어진다. 하지만 언제나 개인들이 싫어질수록 인류 전체를 향한 사랑은 더 불타오른다.[1]

산상수훈에서 예수님은 우리가 집 안에서 매일 만나는 원수들, 우리의 뜻을 막고 사사건건 귀찮게 하는 사람들을 사랑해야 한다고 말씀하신다.

다시 말해 배려 없는 배우자, 자기중심적인 십대 자녀, 정신없는 아이를 사랑해야 한다. 뿐만 아니라 무례한 상사와 뻔뻔한 고객도 사랑해야 한다. 잠시 당신 삶 속의 '원수들'을 찾아보라. 사랑하기 힘든 사람은 누구인가? 오늘 그들을 사랑할 은혜를 달라고 기도하라.

 출애굽기 23장 4-5절; 로마서 5장 6-11절 참조

25 제멋대로
성경 해석

"… 하였다는 것을 너희가 들었으나."

예수님은 산상수훈에서 새로운 주제를 꺼낼 때마다 이 표현을 사용하신다. 매번 이 표현 앞에 구약의 명령 하나가 붙는다. 예를 들어 "네 이웃을 사랑하고 네 원수를 미워하라 하였다는 것을 너희가 들었으나."

사실, 구약의 율법은 이웃을 사랑하라고 명령할 뿐 원수

하나님이 실제로 하신 말씀	vs	사람들의 잘못된 추론
네 이웃 사랑하기를 - 레 19:18		이웃이 아닌 원수는 미워하라
태초에 하나님이 천지를 창조하시니라 - 창 1:1		과학은 거짓말이다
이방 나그네를 압제하지 말라 - 출 23:9		합법적인 이민자만 압제하지 말라
하나님은 사랑이심이라 - 요일 4:8		하나님은 무조건 봐 주시니 내 삶은 변할 필요가 없다

를 미워하라는 명령은 없다. 오히려 구약에는 원수에게 사랑과 자비를 베풀라는 구절이 많다(창 45; 출 23:4; 삼상 24:7; 왕하 6:22; 잠 25:21을 보시오). 그렇다면 예수님은 왜 이 두 명령을 나란히 연결시키신 것일까?

이는 잘못된 추론을 지적하신 것으로 보인다. 하나님의 백성들은 "네 이웃을 사랑하라"라는 명령을 듣고 반대 경우(이웃이 아닌 사람은 사랑하지 마라)를 추론했다. 시간이 지나면서 이것이 "원수를 미워하라"라는 법으로 자리를 잡았다. 이는 성경에는 없지만 많은 사람들이 당연하게 가정하는 법이었다. 예수님은 이런 거짓 가정을 거부하고, 사람들에게 이웃과 원수를 모두 사랑하라고 명령하셨다.

하나님의 좋은 명령에서 부정적인 적용을 추론하는 인간 성향은 지금도 여전하다. 예를 들어, 가서 제자로 삼으라는 좋은 명령이 다른 중요한 사명들을 뒷전으로 미루어도 된다는 뜻은 아니다. 좋은 기독교 가정 윤리를 갖추고 있다 해서 시각이 다른 사람들을 악마화하고 핍박해도 되는 것은 아니다. 성경의 권위를 인정한다고 해서 과학을 비롯한 다른 진리의 근원들을 무조건 잘못된 것으로 여길 수는 없다.

크리스천들의 문제점은 하나님의 명령을 따르지 않는 것보다는 하나님의 명령에서 제멋대로 추론한 가정들을 고수할 때가 너무도 많다.

 마가복음 3장 1-6절; 갈라디아서 6장 1-3절 참조

26 원수 사랑하기

"하나님은 사랑이심이라."

이것은 신약에서 가장 자주 인용되는 구절 중 하나다. 하지만 사도 요한이 이 구절을 쓴 의도와 우리가 이 구절을 이해하는 방식에는 큰 격차가 있다. '사랑'이란 단어는 문화의 영향을 많이 받는다. 현대인들은 '사랑' 하면 애틋하고 달콤한 감정을 떠올린다. 우리는 사랑을 부드러운 감정으로 생각한다.

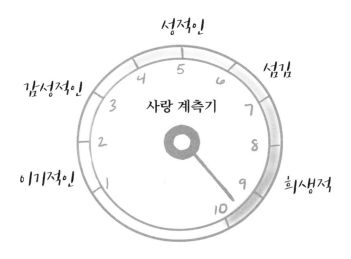

그래서 우리는 원수를 사랑하라는 예수님의 명령을 제대
로 이해하기가 불가능하다. 원수를 보며 애틋하고 달콤한 감정
을 끌어올린다고 생각해 보라. 예수님의 명령을 이해하기 위해
서는 먼저 사랑을 바라보는 우리의 시각을 교정해야 한다.

예수님이 원하시는 사랑은 감정 이상의 것을 필요로 한다.
바로, 의지를 동원해야 한다. 진짜 사랑은 우리가 통제할 수 없는 감정이 아니라 상대방을 위한 행동이다. 사랑은 상대방에게 유익한 행동을 하는 것이다. 심지어 상대방이 그 행동을 거부해도 끝까지 그 행동을 하는 것이다.

따라서 진짜 사랑은 세상이 생각하는 사랑과 많이 다르다. 그래서 표도르 도스토옙스키는 《카라마조프가의 형제들》에서 "행동하는 사랑은 꿈속의 사랑에 비해 가혹하고 두려운 것이다"라는 말을 했다.[2]

따라서 원수를 사랑하는 일은 그가 싫어해도 그에게 가장 좋은 것을 적극적으로 추구하는 것이다. 애초에 그가 우리의 원수가 된 것은 그가 싫어하는 행동을 우리가 계속해서 하기 때문일 수도 있다.

궁극적으로, 원수를 사랑하라는 명령은 성경의 여타 명령과 전혀 다르지 않다. 예수님은 그분 나라의 시민이라면 언제나 자신보다 남들의 유익을 먼저 생각해야 한다고 말씀하신다. 심지어 남이 원수라 할지라도 그렇게 해야 한다.

 빌립보서 2장 3-11절; 누가복음 22장 24-27절 참조

27 하나님 나라의 사랑은 인류를 품에 안는다

산상수훈 중에서 보복하지 말라는 말씀만큼 사람들에게 거부감을 일으키는 말씀도 없을 것이다. 악한 사람을 대적하지 말고, 뺨을 때리면 다른 쪽 뺨까지 대고, 5리를 더 가 주고, 상대방이 요구하는 것보다 더 주라는 명령은 상식적으로 말이 되지 않는다. 세상은 이렇게 사는 사람은 평생 앞서갈 수 없다고 말한다.

이런 이유로 많은 사람이 예수님의 가르침을 실용적인 관점에서 재해석하려고 시도해 왔다. 반직관적인 명령들을 좀 더 상식적으로 보이게 만들기 위한 시도가 끊이지 않았다. 이런 시도 이면에는 자신의 행동을 정당화하려는 마음이 있다. 우리는 미움과 분노를 합리화하기를 절실히 원한다. 우리는 욕구를 방해하는 사람들에게 복수하고 대적하기를 원한다. 우리는 크리스천들의 이기주의와 자기중심주의가 자연스러운 것을 넘어

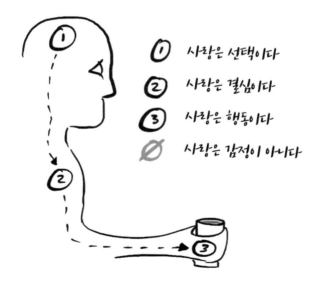

1 사랑은 선택이다
2 사랑은 결심이다
3 사랑은 행동이다
∅ 사랑은 감정이 아니다

칭찬할 만한 특성이라고 믿고 싶어 한다.

하지만 예수님은 우리의 이기적인 욕구가 파고들 틈을 일체 만들지 않으셨다. 하나님 나라의 사랑은 모두를 아우르는 사랑이다. 자기희생적인 사랑의 명령 앞에서 우리는 보복의 본능을 완전히 내려놓아야 한다.

우리는 산상수훈의 이런 진술들을, 문자 그대로 따라야 할 명령이나 법보다는 하나님 나라의 가치에 따라 변화되면 자연스럽게 나타나는 삶의 방향으로 받아들여야 한다. 상대방이 적이라도 우리 자신보다 그에게 좋은 것이 무엇인지를 생각하면 자연스럽게 이런 종류의 삶을 살게 된다.

 베드로전서 2장 18-25절; 이사야 50장 6-9절 참조

기도를 통해
원수를 보는 시각을 바꾸다

원수를 위해 기도하라. 그러면 그를 보는 시각이 달라진다.

예수님은 원수를 사랑하고 그를 위해 기도하라고 말씀하셨다. 이 둘은 별개의 명령이 아니다. 후자를 따르면 전자가 최소한 부분적으로는 이루어진다. 상대방을 사랑한다는 것은 상대방에게 좋은 것을 추구하는 일이다. 그런데 그를 위한 하나님의 은혜를 구하는 것보다 그에게 더 좋은 것이 또 있을까?

하지만 나는 예수님이 원수를 위해 기도하라고 명령하시는 데는 또 다른 이유가 있다고 생각한다. 그것은 누군가를 위해 진심으로 기도하면 그를 계속해서 미워할 수 없기 때문이다. 누군가를 위해 기도하면 시각이 변해 그를 하나님의 눈으로 바라보게 된다. 디트리히 본회퍼(Dietrich Bonhoeffer)도 기독교 공동체 (정말 많은 원수들이 발견되는 곳) 안에서 시각을 변화시키는 기도의 힘을 이야기했다.

기독교 공동체는 중보기도로 산다. 그런 기도가 없으면 이 공동체는 파괴된다. 상대방이 아무리 나를 힘들게 해도 그를 위해 기도하면 더 이상 그를 비난하거나 미워할 수 없다. 중보기도를 하면 원래 이상하고 참을 수 없었던 얼굴이, 예수님이 목숨으로 산 자의 얼굴, 용서받은 죄인의 얼굴로 변한다. 이것이 남들을 위해 중보기도를 하는 크리스천이 경험하는 복된 발견이다. 중보기도로 극복할 수 없는 미움이나 갈등, 분열, 다툼은 없다. 중보기도는 개인과 공동체가 매일 들어가야 하는, 정화시키는 욕조다.[3]

 누가복음 23장 33-34절; 베드로전서 3장 8-9절 참조

PART 5

하나님 없이는
내게 아무런 가능성이
없다

**WHAT
IF JESUS
WAS SERIOUS?**

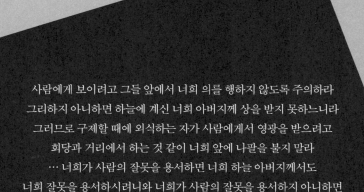

사람에게 보이려고 그들 앞에서 너희 의를 행하지 않도록 주의하라
그리하지 아니하면 하늘에 계신 너희 아버지께 상을 받지 못하느니라
그러므로 구제할 때에 외식하는 자가 사람에게서 영광을 받으려고
회당과 거리에서 하는 것 같이 너희 앞에 나팔을 불지 말라
… 너희가 사람의 잘못을 용서하면 너희 하늘 아버지께서도
너희 잘못을 용서하시려니와 너희가 사람의 잘못을 용서하지 아니하면
너희 아버지께서도 너희 잘못을 용서하지 아니하시리라

(마 6:1-15)

29 하나님과 친밀해질수록
사람들의 주목을 멀리한다

셀카를 찍다가 사망하는 사고가 잇따르자 2016년 인도 뭄
바이 시는 16곳의 '셀카 금지 지역'을 지정했다. 〈워싱턴 포스
트〉(*The Washington Post*)지는 최근 몇 년 사이에 250명이 셀카를
찍다가 목숨을 잃었다고 보도했다(내가 볼 때 실제로는 훨씬 더 많아
보인다). 같은 기사에 따르면, 셀카 사망의 가장 많은 원인은 익
사였다. 그 다음은 교통사고, 추락, 총기 사고, 들짐승의 공격,

120

소셜 미디어로부터의 구원

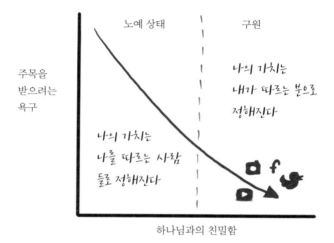

노예 상태　　　　　구원

주목을
받으려는
욕구

나의 가치는
내가 따르는 분으로
정해진다

나의 가치는
나를 따르는 사람
들로 정해진다

하나님과의 친밀함

감전사 순이었다.[1] 남들에게 주목을 받으려는 욕구가 말 그대
로 우리를 죽이고 있다.

　우리는 자신의 삶이 특별하기를 원한다. 그런데 인기를 좇
는 이 시대에 살다 보니 우리는 오직 주목받는 삶만 중요하다
고 믿게 되었다. 이렇게 주목을 받으려는 욕구의 불에 소셜 미
디어가 부채질을 하고 있다. 우리는 누군가가 우리를 주목하고

좋아해 주기를 원한다. 페이스북과 인스타그램, 트위터에서 우리 삶을 보며 "너는 대단해, 너의 삶은 중요해"라고 말해 줄 사람을 찾고 있다.

이 셀카 문화 속에서 우리는 은밀히 행한 일이 가장 중요하다는 예수님의 말씀에 귀를 기울여야 한다. 상대방이 사람이든 하나님이든 진정한 친밀함은 남들은 모르는 둘만의 뭔가를 필요로 한다. 이것이 예수님이 남들이 보지 않는 가운데 구제와 금식과 기도를 하라고 명령하신 이유다. 하나님만을 원하는 사람은 그분을 자기 삶의 유일한 증인으로 삼는다. 그러면 "은밀한 중에 보시는 네 아버지께서 갚으시리라."

하나님과의 사이에 이런 친밀함을 기를수록 사람들의 인정과 관심을 구하지 않게 된다. 소셜 미디어를 통한 모르는 사람들의 주목도 갈구하지 않는다. 그리고 수많은 사람이 놓치고 있는 비밀을 발견하게 된다.

그 비밀은 바로 우리의 삶이 정말 중요하다는 것이다. 우리의 삶이 중요한 것은 누군가가 우리의 게시물을 보고 '좋아요'를 달아 주기 때문이 아니라 하나님이 늘 우리와 함께하시며 삶의 모든 순간에 주목하시기 때문이다. 내가 앉거나 일어서면 하나님이 즉시 알아채신다. 하나님은 내 생각을 훤히 아신다.

내가 길을 나서거나 자리에 누우면 하나님이 즉시 알아채신다.
하나님은 내 모든 말이 입 밖에 나가기도 전에 다 알고 계신다.
하나님은 그만큼 나를 주목하고 계신다.

 시편 139편 1-12절; 고린도전서 4장 1-5절 참조

30 기도를 통해 연합하다

산상수훈의 중심에는 성경에서 가장 유명한 구절인 주기도문이 등장한다. 대부분의 사람들이 성경을 접하기 전에, 문맹에서 벗어나 성경을 읽을 수 있게 되기 전에, 주기도문을 배운다. 교회가 처음 생길 때부터 예배에서 사용되었고, 지금도 주기도문은 개인적으로 혹은 교회에서 예배드릴 때 사용된다.

예수님은 하나님을 "우리 아버지"로 부르면서 기도를 시작하라고 가르치셨다. 주기도문은 개인적인 기도가 아니다. 주기도문에는 "나" 혹은 "나의" 같은 표현은 없다. 오직 "우리"만 있다. 주기도문은 우리가 서로 연결되어 있다는 사실을 가정하고 있다. 우리가 공동체의 일부라는 가정이 밑바탕에 깔려 있다.

반면, 현대의 문화는 개인주의다. 우리는 억압으로부터만이 아니라 다른 사람들로부터의 독립을 원한다. 하지만 예수님의 가르침은 이런 세상의 가치와 다르다. 크리스천의 기도는 설령 혼자 하더라도 사실상 개인적인 활동이 아니다. 우리는 늘 서로 연결되어 있으며, 그것이 하나님의 뜻이다.

우리 모두는 국가와 인종, 문화, 세대까지 초월한 하나님의 거대한 가족의 일부다. 주기도문으로 기도할 때 우리는 가족으로서 기도하는 것이다. 주기도문은 시공을 초월해서 하나님의 백성들을 하나로 묶는다.

오늘날 우리는 교회에서 혹은 개인적으로 하나님과 교제할 때 조용히 혹은 큰 소리로 주기도문을 암송한다. "우리"라고 말할 때마다 머릿속에 형제자매들의 얼굴을 떠올리라. 우리 모두가 같은 하늘 아버지를 둔 형제자매라는 사실을 기억하라. 하나님과의 연합이 그들과의 연합과 별개로 이루어질 수 없음을 기억하라.

 로마서 8장 12-17절; 에베소서 4장 1-6절 참조

31 예배가 먼저다

예수님이 제자들에게 가르쳐 주신 기도는 "하늘에 계신 우리 아버지"로 시작된다. 하지만 이어서 예수님은 "우리 아버지"의 친밀함을 초월적인 거룩하심과 대비시키신다. "이름이 거룩히 여김을 받으시오며." 이름이 거룩하다는 것은 곧 그 존재 자체가 거룩하다는 뜻이다. 그런데 우리는 흔히 거룩하다는 것을 '도덕적으로 순결하거나 좋은' 것으로 생각한다. 하지만 '거룩

친밀한 아버지 + 거룩한 타자

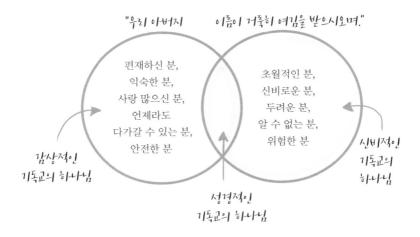

"우리 아버지   이름이 거룩히 여김을 받으시오며."

편재하신 분,
익숙한 분,
사랑 많으신 분,
언제라도
다가갈 수 있는 분,
안전한 분

초월적인 분,
신비로운 분,
두려운 분,
알 수 없는 분,
위험한 분

감상적인
기독교의 하나님

신비적인
기독교의
하나님

성경적인
기독교의 하나님

한'이라는 단어의 본뜻은 '분리된, 구별된, 완전히 다른'이다. 따라서 "이름이 거룩히 여김을 받으시오며"라는 기도는 하나님이 그 무엇과도 다른 분이시라는 고백이다. 하나님은 우주의 그 무엇과도 다르기 때문에 우리의 머리로는 도무지 이해할 수 없는 분이다. 히브리서 기자는 하나님을 "소멸하는 불"이라고 부른다. 하나님은 그만큼 아름다우면서도 위험한 분이다. 하나님은 끌리면서도 감히 다가갈 수 없는 분이다.

주기도문은 하나님이 친밀하게 다가갈 수 있는 분인 동시에 감히 다가갈 수 없는 분, 우리를 비롯한 세상 그 무엇과도 다른 분이라는 패러독스를 보여 준다.

어떻게 하나님은 친밀한 아버지인 동시에 거룩한 불이 되실 수 있는가? 어떻게 다감한 동시에 두려움을 자아낼 수 있을까? 하지만 우리는 한 면만 보기를 원한다. 이해되지 않거나 부담스러운 측면을 무시하고 하나님의 단면만을 보려고 한다. 그럴 때 새로운 신이 탄생한다. 우리가 우리의 형상대로 만든 거짓 신이 탄생한다.

예수님은 참된 신에게 참된 기도를 드리라고 말씀하신다. 이런 기도는 이해되지 않는 면까지 포함한 하나님에 대한 참된 시각으로 시작된다. 우리가 해야 할 일은 하나님을 이해하는 것이 아니다. 하나님에 대한 연구보다는 사랑의 거룩한 불이신 하나님 앞에 엎드려 예배하는 것이다. 오직 이런 하나님만이 나의 기도를 받으실 자격이 있다. 내가 완벽히 이해할 수 있는 신은 나보다 큰 존재가 아니기 때문이다.

 요한계시록 4장 8-11절; 히브리서 12장 28-29절 참조

32 탈출이 아닌 변화를 꿈꾸다

올리버 웬델 홈스(Oliver Wendell Homes)는 이런 유명한 말을 했다. "어떤 이들은 너무 하늘만 생각해서 이 땅에 아무런 도움이 되지 않는다."[2]

안타깝게도 많은 크리스천들이 이와 같다. 그들은 이 세상이 궁극적으로는 하나님께 중요하지 않기 때문에 우리에게도 중요하지 않다는 이상한 관념을 무비판적으로 받아들이고 있

땅을 탈출해서
하늘로 간다

하늘이 땅에 임하기
위해 기도한다

세상의 비전   예수님의 비전

다. "우리는 그저 이 땅을 잠시 지나갈 뿐이다." "이 세상은 우리의 집이 아니다." 오늘날 크리스천 사이에서는 이런 말이 유행처럼 번진다.

　이렇게 세상을 경멸하는 태도는 예수님이 가르쳐 주신 기도와 전혀 어울리지 않는다. 우리는 하나님을 친밀한 아버지인 동시에 거룩한 타자로 부른 뒤에 "나라가 임하시오며 뜻이 하늘에서 이루어진 것 같이 땅에서도 이루어지이다"라고 기도해야 한다. 이것이 하나님께 속한 모든 자들이 품어야 할 위대한 꿈이요 포부다. 예수님은 이 땅을 탈출하기를 원하지 말고 하나님 나라가 하늘에서 이 땅으로 임하게 해 달라고 기도하라고 가르치셨다.

　주기도문의 많은 부분이 그렇듯 이 대목도 갈망과 책임을 함께 포함하고 있다. 우리는 이 세상이 하나님의 나라처럼 질서와 아름다움과 풍요로 충만해지기를 갈망해야 한다. 우리는 모든 불의와 죽음과 부족함이 완전히 사라지기를 원해야 한다. 이 소망은 훗날 예수님의 부활 능력이 온 우주를 뒤덮을 때만이 온전히 이루어질 것이다.

　하지만 주기도문에는 이 기도를 드리는 모든 이들에게 주어지는 책임이 함축되어 있다. 하나님 뜻이 이 땅에서 이루어지기를 바란다면 우리 뜻을 하나님 뜻 앞에 내려놓아야 한다. 하나님이 우리의 나라들을 도와주시기를 바라기보다는 이 땅에서 하나님 나라의 종으로 살기로 결심해야 한다.

 마태복음 26장 36-39절; 누가복음 1장 34-38절 참조

33 하나님을 의지하는 삶이 곧 믿음의 삶이다

예수님은 "오늘 우리에게 일용할 양식을 주시옵고"라고 기도하라고 가르치셨다. 이 단순한 기도는 하나님과 동행하는 삶이 매일 그분을 의지하는 삶임을 보여 준다. 다시 말해, 그 삶은 믿음의 삶이다.

여기서 "양식"은 말 그대로 음식을 의미하기도 하지만, 살아가기 위해 필요한 모든 것을 의미한다. 그리고 일용할 양식

"오늘 우리에게···을 주시옵고."

질문 : 각 기도와, 해당 기도를 한 사람을 연결시키시오.

주 기 도 문	내일을 위한 양식
부 자 의 기 도	이웃의 양식
무 신 론 자 의 기 도	은퇴 후 화려한 삶을 즐기기에 충분한 양식
걱정 많은 사람의 기도	내 양식을 내가 알아서 구할 테니 신경 쓰지 마시옵고
운 동 가 의 기 도	국산 유기농 비유전자조작 양식만
시기 많은 사람의 기도	일용할 양식

만을 구한다는 것은 오늘 하루를 살아가기에 충분한 만큼만 구한다는 뜻이다. 오늘, 예수님은 오늘에 대해 하늘 아버지를 의지하고 내일이 오면 내일 다시 아버지를 의지하라고 말씀하신다. 이는 내일에 대한 두려움으로 인해 뭐든 쌓아두는 세상의 흐름을 거부하는 것이다. 우리의 두려움은 삶에 대한 통제를 추구하게 만들지만, 하나님의 사랑은 믿음을 일으킨다.

예수님이 한 번도 서두르신 적이 없다는 생각을 해 본 적이 있는가? 복음서에 예수님이 조바심을 내고 다급하게 달려가셨다는 기록은 하나도 없다. 예수님은 아버지께서 공급해 주실 줄 믿었고, 자신의 제자들도 이런 종류의 믿음을 품기를 원하셨다.

주기도문에 따라 살려면 다급하게 뛰어다니는 버릇을 버려야 한다. 충분히 가지지 못할까 봐 두려워서 삶을 스스로 통제하려는 욕구를 버리는 법을 배워야 한다. 삶의 속도를 늦춰 우리 아버지를 의지하면 참된 삶이 무엇을 먹고 마시고 입는지에 달려 있지 않다는 사실을 발견하게 된다.

솔직히, 우리로서는 이렇게 하기가 정말 힘들다. "오늘의 빵에 만족하라. 삶의 속도를 늦추라. 이 세상 근심을 벗어던지고 하나님과의 교제에서 참된 삶을 발견하라."

유례없는 부를 누리는 이 시대에 우리가 이 명령에 순종할 수 있을것인가?

 마태복음 6장 30-33절; 요한복음 6장 35-51절 참조

34 내 속에 들어찬 악을 보다

주기도문은 단순히 하나님께 어떤 식으로 말해야 할지를 알려 주는 기도가 아니다. 주기도문은 앞의 절이 다음 절의 기초가 되는 형식을 취하며 하나님과 동행하는 삶이 무엇인지를 보여 준다. 예를 들어, 하나님을 하늘 아버지인 동시에 거룩한 타자로 제대로 보지 않으면(마 6:9) 하나님의 뜻을 따를 수 없다(마 6:10). 그렇게 하나님의 뜻 앞에 자신을 내려놓지 않은 사람은 온갖 세상 근심에 사로잡혀 스스로 일용할 양식을 얻기 위해 정신없이 뛰어다닌다(마 6:11). 하나님에 대한 그릇된 시각에서 비롯한 두려움과 바쁨과 이기주의의 삶은 필연적으로 죄로 이어질 수밖에 없다. 그래서 용서를 필요로 하게 된다. "우리가 우리에게 죄 지은 자를 사하여 준 것 같이 우리 죄를 사하여 주시옵고"(마 6:12).

예수님은 우리의 몸이 양식을 필요로 하는 것처럼 우리의 영혼이 용서를 필요로 한다는 점을 아신다. 하지만 용서를 받는 것만으로는 충분하지 않다. 건강한 영혼이라면 용서를 베풀 줄도 알아야 한다. 자신을 희생자로만 생각하여 분노와 원한을 품은 채 남들의 죄를 용서해 주지 않으면 하나님의 사랑, 아니 그 누구의 사랑도 받을 수 없다.

주기도문에서 우리는 죄가 단순히 극복해야 할 외적인 상황 혹은 남들이 우리에게 저지른 짓이 아님을 깨달아야 한다. 죄는 우리가 인정해야 할 내적인 상황이기도 하다. 그래서 전체코 공화국 대통령 바츨라프 하벨은 이렇게 말했다. "(선악 사이의) 선은 '그들'과 '우리' 사이가 아니라 각 사람 속을 지난다."[3]

주기도문에서 이 대목을 암송할 때마다 잠시 멈춰서 성령께 우리가 하나님과 남들에게 지은 죄를 밝혀 달라고 기도해야

"(선악 사이의) 선은 '그들'과 '우리' 사이가 아니라
각 사람 속을 지난다."
- 바츨라프 하벨(Vaclav Havel)

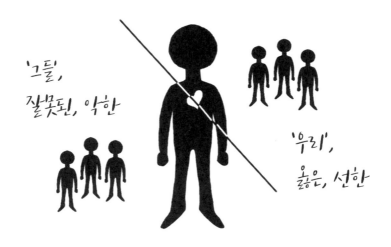

한다. 우리가 적극적으로 저지른 죄도 있지만, 해야 할 일을 하
지 않은 것도 역시 죄다.

 골로새서 3장 12-13절; 시편 130편 1-4절 참조

35 누구도
자신을 구원할 수 없다

예수님은 "우리를 시험에 들게 하지 마시옵고 다만 악에서 구하시옵소서"로 기도를 마무리하신다. 하나님과 동행하는 사람들, 즉 하나님의 선하심을 맛본 사람들은 죄와 악에서 구원받기를 늘 원한다. 그런데 궁극적인 목표는 단순히 우리 삶에서 죄를 없애는 것이 아니다. 우리는 하나님이 우리를 뭔가'로부터' 구해 주시는 것이 아니라 뭔가 '쪽으로' 구해 주신다는 사

···으로 인도하소서.

실을 너무도 자주 잊어버린다.

히브리서 기자는 예수님께 시선을 고정하고 우리가 쉽게 빠지는 죄를 벗으라고 말한다(히 12:1-2). 죄는 우리의 보화를 향해 가는 길을 더디게 만드는 가시덤불과도 같다. 응용력을 발휘하지 않으면 이 사실을 놓치기 쉽다. 악에서 구원을 받는다는 것은 하늘 아버지의 품으로 구원을 받는다는 뜻이다. 우리가 시험을 이기기를 원하는 것은 하나님으로 인한 기쁨이 넘치기 때문이다. 하나님이 우리의 보화다. 이 두 개념을 분리하면 하나님과의 더 깊은 동행으로 나아가지 못한다.

"시험에 들게 하지 마시옵고." 이 기도는 우리에게 스스로를 구원할 힘이 없음을 하나님께 인정하는 것이기도 하다. 이는 "제 자신을 인도할 수 없으니 저를 인도해 주십시오"라고 말하는 것이다. 레이 프리처드(Ray Pritchard)는 주기도문의 이 대목이 구제불능의 패자들을 위한 것이지만 우리 모두가 그런 패자이기 때문에 낙심할 필요가 없다고 말했다. "하나님 없이는 우리에게 아무런 가능성도 없다. 우리는 내놓을 것이 없고, 심지어 무엇을 해야 하는지도 모른다."[4]

구약에도 우리에게 하나님의 인도하심이 필요함을 보여주는 기도문이 있다. 구름 같은 대군이 쳐들어왔을 때 여호사

밧 왕은 하나님께 다음과 같은 기도를 드렸다.

> "우리 조상들의 하나님 여호와여, 주는 하늘에서 하나님이
> 아니시니이까 이방 사람들의 모든 나라를 다스리지 아니하
> 시나이까 주의 손에 권세와 능력이 있사오니 능히 주와 맞
> 설 사람이 없나이다 … 우리 하나님이여, 그들을 징벌하지
> 아니하시나이까 우리를 치러 오는 이 큰 무리를 우리가 대
> 적할 능력이 없고 어떻게 할 줄도 알지 못하옵고 오직 주만
> 바라보나이다"(대하 20:6, 12).

기도할 때 먼저 자신의 약함을 인정하며 겸손히 하나님의
인도하심을 구하라. 단순히 죄에서 구해 달라고만 기도하지 말
고 그분의 품으로 인도해 달라고 요청하라.

 히브리서 12장 1-2절; 역대하 20장 6-12절 참조

PART 6

두려움은
두려움만을 낳을 뿐,
절대 사랑을 낳지 못한다

WHAT
IF JESUS
WAS SERIOUS?

...
그러므로 내가 너희에게 이르노니 목숨을 위하여
무엇을 먹을까 무엇을 마실까
몸을 위하여 무엇을 입을까 염려하지 말라
...
그런즉 너희는 먼저 그의 나라와 그의 의를 구하라
그리하면 이 모든 것을 너희에게 더하시리라
그러므로 내일 일을 위하여 염려하지 말라
내일 일은 내일이 염려할 것이요
한 날의 괴로움은 그날로 족하니라
(마 6:16-34)

36 누구의 인정을 바라는가?

나이를 먹어 좋은 점 가운데 하나는 남들의 이목에 덜 신경을 쓰게 된다는 것이다. 내가 이 감옥에서 완전히 해방된 것은 아니지만 곧 가석방되지 않을까 예상한다. 적어도 나는 우리 아이들보다는 자유롭다. 여전히 녀석들은 말이나 행동, 옷차림을 잘못해서 또래 친구들에게 놀림을 당할까 봐 걱정하고 있다. 대부분의 사춘기 청소년들은 남들의 인정을 받기 위해

나사렛 예수, 하나님의 아들 FOLLOW
금식기도를 위한 휴가
@HEAVENLYFATHER #TRINITY #RIGHTEOUS

실제 자신과 다른 가면을 쓰고 살아간다.

마태복음 6장에서 예수님은 하나님이 아닌 남들의 인정을 얻기 위해 살아가는 삶의 위험성을 계속해서 경고하신다. 예수님은 그런 태도가 우리의 베풂과 기도와 금식의 진정성을 어떻게 훼손하는지를 보여 주신다.

하지만 그 위험은 이것만이 아니다. 하나님의 생각보다 사람들의 생각을 더 신경 쓰면 하나님과 동행하는 삶의 모든 면이 변질될 수 있다. 사람을 두려워하는 것은 하나님 나라에서 성장하는 데 실로 큰 걸림돌이기 때문이다. 남들의 인정을 위해 살면 평생 영적 사춘기에 머물 수밖에 없다. 달라스 윌라드는《하나님의 모략》에서 이렇게 말했다.

> 우리가 교회에서 남들의 생각에 관해 생각하는 시간을 하나님에 관해 생각하는 시간과 비교해 보면 필시 충격을 받을 것이다. … 우리의 삶과 일이 하나님의 나라에 속하려면 인간의 인정을 주된, 심지어 중요한 목표로 삼아서도 안 된다. 남들이 뭐라 생각하든 신경 쓰지 말아야 한다. [1]

솔직하게 자신을 돌아보며 물으라. "내가 누구의 인정을 가장 바라는가?" 그 사람이 당신을 어떻게 생각하든 신경 쓰지 않게 되면 당신의 삶에는 어떤 변화가 찾아올 것인가?

 에스겔 33장 31-32절; 잠언 29장 25절 참조

37 과시의 옷을 벗어야
신앙이 보인다

　　예수님 당시 금식은 독실함의 상징이었다. 금식은 진정한 신앙을 보여 주는 거룩한 행위였다. 종교성으로 인정을 받던 사회에서 금식하는 모습을 보이면 더 높은 지위와 명성을 얻을 수 있었다. 이것이 예수님이 남들의 눈에 띄는 금식의 위험성을 경고하신 이유다.

　　수세기 뒤, 종교개혁 당시에도 상황은 비슷했다. 마르틴

모든 사람이 너의 _____ 을 보고서
네가 내 제자인 줄 알리라.

1. 자동차에 붙은 기독교 스티커들
2. 사랑

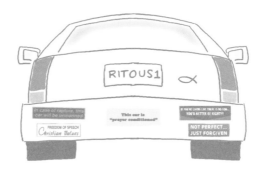

루터(Martin Luther)는 이렇게 말했다.

"(금식이) 사람들이 자신을 보고 자신에 관해 말하고 자신에 대해 감탄하고 놀란 얼굴로 다음과 같이 말하게 만들기 위한 도구(로 변질되었다). '오, 이 얼마나 놀라운 성인들인가! 이들은 다른 평범한 사람들처럼 살지 않는다. 이들은 회색 옷을 입고 고개를 푹 숙이고 상하고 창백한 표정으로 돌아다닌다. 이런 사람이 천국에 들어가지 못한다면 나머지 사람들은 어떻게 되는가?"[2]

물론 현시대에는 금식을 과시함으로 인정을 받으려는 사람은 별로 없을 것이다. 요즘 교인들은 다른 사람들보다 의롭게 보이기 위한 다른 방법을 사용한다. 오늘날에는 독실함을 과시하기 위한 새로운 상징들이 사용된다. 이를테면 기독교 기업의 브랜드 옷을 입거나 기독교 물품들을 과시하거나 자동차에 특정한 정치적 문화적 종교적 메시지들을 붙인다. 교회와 지역마다 구체적인 방법은 달라도 자신을 실제보다 더 좋게 보이려는 시도는 언제 어디서나 찾아볼 수 있는 듯하다.

당신은 어떤가? 당신이 사람들의 칭찬에 대한 갈증에서 해방되기 위해 무엇을 과시하는 버릇을 버려야 할까?

 갈라디아서 1장 10절; 데살로니가전서 2장 3-8절 참조

38 하늘에 보물을 쌓는 사람들

"너희를 위하여 보물을 땅에 쌓아두지 말라 … 오직 너희를 위하여 보물을 하늘에 쌓아두라."

우리는 이 보물을 미래에 얻는 보상으로 생각하는 경향이 있다. 우리는 이 명령을, 나중에 보상을 얻을 때까지 참으라는 말씀으로 받아들인다. '지금 인생을 즐기지 말고 하나님과 그분의 나라를 섬기면 나중에 큰 보상을 얻을 것이라!'는 말로 여긴다.

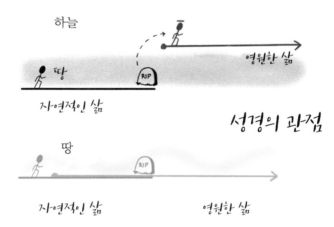

세상의 관점

하늘

땅

RIP

영원한 삶

자연적인 삶

성경의 관점

땅

RIP

자연적인 삶

영원한 삶

하지만 예수님의 말씀 어디에도 그런 의미를 함축하는 구절은 없다. 산상수훈의 이 부분에서 죽음 이후에 우리를 기다리는 보상이나 그리스도의 재림 때까지 즐거움을 참는 것에 관한 이야기는 찾을 수 없다. 미래의 보상이라는 것은 우리의 추측일 뿐, 실제 이 구절의 내용은 아니다. 앞서 말했듯이 여기서 "천국"은 죽은 자들이 하얀 예복을 입고 한가로이 하프를 켜는 먼 미래의 나라가 아니라 현재의 현실이다.

물론 성경에서 미래의 복을 이야기하는 구절들도 있다 (예를 들어 벧전 1:4-5). 하지만 예수님은 전혀 다른 뭔가를 말씀하신다.

예수님은 우리가 지금 누릴 수 있는 보물에 관해 말씀하신 것이며, 이 보물은 바로 우리 삶 속에 나타나는 하나님의 임재다. 하나님의 임재와 그분의 선물을 누리기 위해 훗날까지 기다리거나 죽을 필요는 없다. 예수님의 요지는 하나님의 보물이 세상이 줄 수 있는 그 어떤 보물보다도 훨씬 귀하다는 것이다.

 히브리서 12장 22-24절; 베드로전서 1장 4-5절 참조

39 무엇을 사랑하느냐에 따라 삶이 결정이 된다

신학자 폴 틸리히(Paul Tillich)에 따르면 모든 사람에게는 궁극적인 관심의 대상이 있다. 이런 이유로 모든 사람이 종교적이다. 모든 사람에게는 가장 소중히 여기는 대상이 있다. 어떤 이들은 자신이 자녀와 배우자, 나라, 직업, 하나님까지 많은 것을 소중히 여긴다고 말한다. 그럴 수도 있지만, 누구든 궁극적인 관심의 대상은 하나뿐이다. 그것이 무엇이든 이 보물이 우

궁극적인 관심의
원판 돌리기

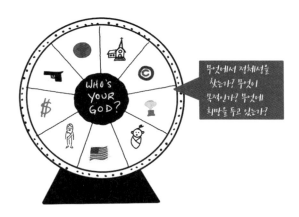

"우상은 대개 좋아하는 것을
궁극적인 대상으로 삼은 것이다."
- 팀 켈러(Tim Keller)

리의 인생과 운명을 결정한다.

그래서 예수님은 무엇을 소중히 여길지에 관해서 신중하게 판단하라고 말씀하신다. "한 사람이 두 주인을 섬기지 못할 것이니." "네 보물 있는 그곳에는 네 마음도 있느니라."

이 중요한 말씀에서 예수님은 우리 삶의 방향을 결정하는 마음의 힘을 지적하고 계신다. 제임스 K. A. 스미스(James K. A. Smith)는 《습관이 영성이다》(You Are What You Love)에서 우리가 생각하는 존재라기보다는 사랑하는 존재라는 점을 설명한다. 우리의 삶은 무엇을 사랑하느냐에 따라 결정된다.

당신의 궁극적인 관심 대상은 무엇인가? 주로 무엇을 생각하고 무슨 동기로 행동을 하는가? 예수님은 인생의 방향을 결정하는 사랑이라는 중요한 것을 아무한테나 주지 말라고 경고하신다. 궁극적인 사랑은 오직 하나님께만 드려야 한다.

 시편 115편 4-5절; 마가복음 12장 28-31절 참조

**세상을 어떻게 보느냐는
마음에 달려 있다**

예수님은 보물에 대해 말씀하시고 난 후 부에 대해 경고하
시기 전에 우리 눈의 중요성에 관해 말씀하신다. "눈은 몸의 등
불이니 그러므로 네 눈이 성하면 온 몸이 밝을 것이요 눈이 나
쁘면 온 몸이 어두울 것이니."

현대인들에게 눈과 빛, 어두움에 관한 이 이야기가 이상하
기도 하고 보물, 돈, 탐욕에 관한 이야기와 상관이 없어 보이기

마음이 무엇을
보느냐를 결정한다.
목표 : 마음을 변화시킨다.

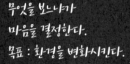

무엇을 보느냐가
마음을 결정한다.
목표 : 환경을 변화시킨다.

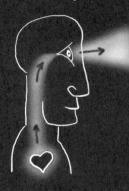

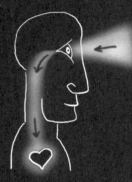

옛 관점

현대의 관점

도 할 것이다. 하지만 예수님 당시의 청중에게는 그 연관성이 분명했다.

산상수훈에서 예수님은 내적 방향을 계속해서 강조하신다. 그것은 마음이 외적 행동을 결정하기 때문이다. 여기서도 예수님은 마음 상태에 초점을 맞추신다. 지금 우리는 눈이 빛을 받아들여 사물을 볼 수 있게 해 주는 기관이라는 점을 알고 있다. 하지만 옛날 사람들은 빛이 눈을 통해 몸 밖으로 나가면서 사물을 볼 수 있다고 생각했다. 예수님은 당시의 이런 관념에 따라, 세상을 바라보는 시각을 보면 그 사람 안에 무엇이 있는지 알 수 있다고 말씀하셨다. 우리는 옳은 시각(빛)이나 악한 시각(어둠)에 따라 세상을 본다.

"성하면"이나 "나쁘면"이란 표현은 이 개념을 경제적인 측면까지 연결시킨다. 성경의 다른 구절들에서 이 단어들은 "후한"과 "인색한" 혹은 "마지못해 하는"으로 자주 번역되기 때문이다(예를 들어, 신 15:9와 마 20:15). 그렇다면 예수님은 재물을 다루는 태도가 마음의 상태를 보여 준다고 말씀하신 것이다. 가난한 사람들을 연민으로 바라보며 후히 베푸는 사람들은 빛으로 가득한 사람들이다. 자신의 필요만 생각하며 움켜쥐려고만 하는 탐욕스러운 사람들은 어둠으로 가득한 사람들이다.

이 말씀은 단순히 후히 베풀거나 탐욕을 경계하라는 말씀이 아니다. 이는 세상을 바라보는 시각을 바꾸려면 내면의 빛, 즉 마음이 바뀌어야 한다는 말씀이다.

 골로새서 1장 11-13절; 신명기 15장 7-11절 참조

41 당신의 주인은 누구인가?

　　예수님은 우리가 여러 주인을 섬길 수 없다고 말씀하신다. 여기서 예수님은 당시 청중에게 익숙한 비유를 사용하신다. 1세기 사람들은 주인과 종의 관계가 일대일 관계라는 점을 잘 알고 있었다. 직업과 부인은 여럿을 가질 수 있어도 종은 단한 명의 주인만 섬길 수 있었다.

　　남북전쟁 이전 미국의 노예 제도는 많은 면에서 로마 제

거긴 내 자리인 것 같은데.

국이나 옛 이스라엘과 달랐다. 하지만 한 주인에게만 충성해야 한다는 점만큼은 동일하다. 메릴랜드 주에 하루 세 번 기도하는 습관을 가진 제이콥(Jacob)이란 노예가 살았다. 그는 정해진 시간이 되면 노동을 멈추고 조용히 앉아 하나님과 교제했다. 손더스(Saunders)라고 하는 잔혹한 주인은 그 모습에 화가 났다. 어느 날 손더스는 밭에서 무릎을 꿇고 기도하는 제이콥에게 다

가가 그의 머리에 총을 겨누고서 당장 기도를 멈추고 일을 시작하라고 다그쳤다.

하지만 제이콥은 끝까지 기도를 마치고 나서 손더스에게 방아쇠를 당기라고 말했다. "제가 죽으면 저는 이익이고 주인님만 손해겠죠. 제 주인은 두 분입니다. … 하늘의 주인은 예수님이고 이 땅의 주인은 당신이죠. 제 몸은 당신의 것이고 제 영혼은 예수님의 것입니다."[3]

두려움을 모르는 제이콥의 모습에 충격을 받은 손더스는 다시는 그를 간섭하지 않았다. 제이콥은 주인이 두 명이라고 말했지만 손더스의 말을 듣지 않고 끝까지 기도한 모습에서 사실 그의 진짜 주인은 한 분이었음을 알 수 있다.[4]

누구도 여러 주인을 섬길 수는 없다. 자, 당신의 주인은 누구인가?

출애굽기 20장 1-3절; 누가복음 14장 25-33절 참조

42 돈의 종이 될 것인가,
돈의 주인이 될 것인가

우리가 하나님 대신 선택할 수 있는 가짜 주인이 수없이 많은데 왜 예수님은 특별히 돈을 경계하셨을까?

우리는 예수님이 돈이나 부가 본래 악한 것이라고 말씀하시는 것이 아니라는 점에 주목해야 한다. 성경을 보면 부유하면서도 경건한 사람이 많이 나온다. 예수님의 제자들 중에도 자신의 부로 그분의 사역에 자금을 보탠 이들이 있었다. 돈은

	$ 돈이라는 우상	◉◉◉ 살아 계신 하나님
덕분에 든든하다	✓	✓
세상을 다룰 힘을 준다	✓	✓
내가 가치 있는 존재라고 느끼게 해 준다	✓	✓
나와 함께 숭배하는 공동체가 있다	✓	✓
죽음 이후에도 나를 버리지 않을 것이다		✓

의로운 사람의 손에 들어가면 더없이 유익하게 쓰일 수 있지만 위험한 어두운 면도 갖고 있다.

또 돈은 신적인 힘을 지닌 것 같은 착각을 불러일으키기 때문에 실로 매력적인 주인이다. 돈만 있으면 세상을 마음대로 주무를 수 있다. 돈이 있으면 필요한 것을 사고 주변 사람들을 좌지우지할 수 있다. 돈이 있으면 보통 사람들이 겪는 많은 어려움을 겪지 않아도 된다. 돈이 있으면 가난한 사람들은 누릴 수 없는 온갖 기회를 누릴 수 있다. 다시 말해, 돈은 하나님을 대신할 아주 매력적인 대안이다.

이것이 예수님이 이렇게 경고하신 이유다. "낙타가 바늘귀로 들어가는 것이 부자가 하나님의 나라에 들어가는 것보다 쉬우니라"(마 19:24).

돈처럼 강력한 우상에 완전히 빠진 마음은 하나님을 믿을 필요성을 느끼지 못한다. 나아가 그런 마음은 더 많은 돈을 얻기 위한 도구로 하나님을 이용하려고 한다. 이것이 요즘 '번영 복음 설교자들'이 스스로 삶을 통제하려는 어리석은 무리에게 가르치는 짓이다.

하지만 의로운 사람은 정반대로 행동한다. 그는 삶의 통제권을 하나님께 드리고 자신의 부를 하나님께 영광을 돌리기 위한 도구로 사용한다.

 누가복음 12장 13-21절; 히브리서 13장 5절 참조

43 광야에서도 하나님의 공급하심이 있다

1999년 저명한 구약 학자 월터 브루그먼(Walter Brueggemann) 은 내게 막대한 영향을 끼친 글을 한 편 발표했다. 그 글에서 그는 성경 전체의 내러티브를 부족함에 대한 세상의 그릇된 믿음과 풍요에 대한 하나님 비전 사이의 긴장 구도로 보았다.

예를 들어, 출애굽 이야기에서 바로와 애굽은 부족함에 대한 두려움에 빠져 있었다. 히브리인들이 성장하자 위기감을 느

풍요 vs 부족

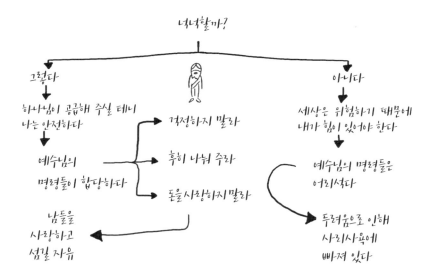

넉넉할까?

그렇다
↓
하나님이 공급해 주실 테니
나는 안전하다
↓
예수님의
명령들이 합당하다 →

걱정하지 말라

후히 나눠 주라

돈을 사랑하지 말라

남들을
사랑하고
섬길 자유

아니다
↓
세상은 위험하기 때문에
내가 힘이 있어야 한다

예수님의 명령들은
어리석다

두려움으로 인해
사리사욕에
빠져 있다

낀 애굽인들은 자신의 힘과 제한된 자원을 지키고자 히브리인들을 핍박하고 그들의 자식들을 죽였다. 부족함에 대한 두려움은 바로를 폭력과 불의, 탐욕으로 몰아갔다.

반면, 하나님의 백성들은 하나님의 풍요를 경험했다. 광야에서도 매일같이 하나님은 고기와 빵을 공급해 주셨고, 바위에서 물이 터져 나왔다. 하나님의 공급하심을 확신한 히브리인들은 복수심과 탐욕을 버리고 정의와 사랑, 자비를 추구하며 하나님과 겸손히 동행했다.

산상수훈에서도 예수님은 부족함에 관한 그릇된 믿음과 하나님 나라의 풍요를 대조시키신다. 그 옛날 바로처럼 넉넉하지 못할까 하는 두려움 속에서 살면 자기 보호라는 명목으로 탐욕과 불의를 추구하게 된다. 하지만 하나님이 늘 풍요롭게 공급해 주실 줄 믿으면 이기주의에서 벗어나 남들을 진정으로 사랑할 수 있다.

당신은 세상을 어떻게 보는가? 부족함에 관한 그릇된 믿음을 품고 있는가? 아니면 하나님 나라의 풍요를 경험하고서 두려움에서 해방되었는가?

 출애굽기 16장 1-8절; 에베소서 3장 20-21절 참조

44 영혼을 해방시키는 복음

내가 사는 시카고에서는 매년 초록색 강에 오렌지색 염료를 퍼붓고 나서 강이 여전히 초록색이라고(딱히 기적도 아닌 현상) 감탄하면서 아일랜드의 성인 성 패트릭(Saint Patrick)을 기념한다. 사실 아일랜드는 국화인 토끼풀과 레프라혼 요정, 아일랜드를 대표하는 맥주 기네스로 유명할 뿐, 성 패트릭의 놀라운 이야기를 기억하는 사람은 별로 없다. 하지만 내 머릿속에서

그리스도여, 나와 함께하옵소서.

내 앞에 계시옵소서.

내 뒤에 계시옵소서.

내 안에 계시옵소서.

내 아래 계시옵소서.

내 위에 계시옵소서.

내 오른편에 계시옵소서.

내 왼편에 계시옵소서.

그는 산상수훈을 누구보다 완벽히 실천한 인물로 남아 있다.

패트릭은 아일랜드 사람이 아니었다. 그는 영국에서 태어났지만 어릴 적에 납치되어 노예로 팔려 아일랜드까지 끌려갔다. 그 외국 땅에서 목동으로 착취를 당하던 중 그는 그리스도와 깊이 교제하고 모든 필요를 그분께 맡기는 법을 배웠다. 그의 신앙은 나날이 깊어져만 갔다. 나중에 아일랜드를 탈출했지만 자신을 노예로 착취했던 사람들에게 영혼을 해방시키는 그리스도의 복음을 전하고자 그 원수의 땅으로 돌아갔다.

흔들리지 않는 믿음과 두려움을 모르는 용기 덕분에 패트릭은 예수님이 산상수훈에서 말씀하신 근심 걱정 없는 삶의 생생한 본보기가 되었다. 그는 어디를 가나 하나님의 임재를 경험했기 때문에 아무런 걱정도 하지 않았다. 성 패트릭의 흉배(Breastplate of Saint Patrick)라고 불리는 다음 기도문은 하나님의 변함없는 공급하심에 대한 그의 믿음을 담고 있다. 이 기도문을 통해 당신의 두려움도 날아가기를 소망한다.

그리스도여, 나와 함께하옵소서.

내 앞에 계시옵소서.

내 뒤에 계시옵소서.

내 안에 계시옵소서.

내 아래 계시옵소서.

내 위에 계시옵소서.

내 오른편에 계시옵소서.

내 왼편에 계시옵소서.

내가 누울 때 함께 계시옵소서.

내가 앉을 때 함께 계시옵소서.

내가 일어설 때 함께 계시옵소서.

나를 생각하는 모든 이의 마음속에 계시옵소서.

나에 관해 말하는 모든 이의 마음속에 계시옵소서.

나를 보는 모든 눈에 계시옵소서.

내 말을 듣는 모든 귀에 계시옵소서.

 누가복음 12장 32-34절; 이사야 43장 1-7절 참조

45 두려움과 베풂 사이에서

앞서 충분하지 않을지도 모른다는 두려움이 우리를 근심과 걱정으로 몰아간다는 점을 살펴보았다. 그래서 산상수훈에서 예수님은 하나님의 공급하심을 믿음으로 이 두려움을 떨쳐 내라고 명령하신다. 이 명령을 탐욕에 관한 이전의 말씀과 연결지어서 봐야 한다. 두려움과 베풂 사이에는 중요한 연관성이 있다.

두려움은 두려움을 낳을 뿐,
절대 사랑을 낳지 못한다.
- 헨리 나우웬(Henry Nouwen)

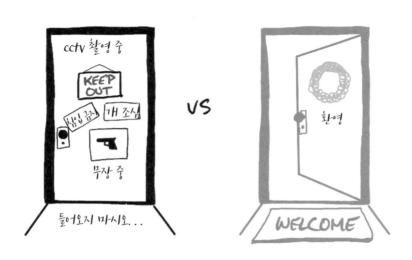

중세 시대의 위대한 신학자 토마스 아퀴나스(Thomas Aquinas)는 두려움이 영혼을 위축시킨다고 말했다. 그는 두려움에 빠진 사람을 포위된 성에 비교했다. 군대가 공격해 오면 성의 주민들은 자원을 다 끌어 모아 성벽 뒤에 숨는다. 이렇게 위축된 자세에서 그들은 적이 포기하고 물러갈 때까지 음식과 물이 떨어지지 않기만을 바라며 가만히 기다린다.

마찬가지로, 우리도 두려움에 빠지면 위축된다. 모든 자원을 자신을 위해서만 사용하기 시작한다. 오직 자신과 자신의 필요, 자신의 생존만을 생각한다. 이런 방어적인 태도로는 남들을 사랑할 수 없다. 사랑하는 것은 자신의 것을 주는 것이기 때문이다.

예수님은 바로 이런 위축된 태도에서 우리를 해방시키기 원하신다. 우리 하늘 아버지께서 우리를 돌봐 주신다는 사실을 알면 자기중심주의의 노예 상태에서 해방되어 남들의 어려움을 헤아리고 돌보기 시작할 수 있다. 헨리 나우웬의 말처럼 "두려움은 두려움을 낳을 뿐, 절대 사랑을 낳지 못한다."[5]

 에베소서 4장 28절; 빌립보서 2장 3-4절 참조

PART 7

당신의
문제는
보기보다 크다

WHY
IF JESUS
WAS SERIOUS?

비판을 받지 아니하려거든 비판하지 말라
너희가 비판하는 그 비판으로 너희가 비판을 받을 것이요
너희가 헤아리는 그 헤아림으로 너희가 헤아림을 받을 것이니라
…
그러므로 무엇이든지 남에게 대접을 받고자 하는 대로
너희도 남을 대접하라 이것이 율법이요 선지자니라
(마 7:1-12)

비판의
숨은 뜻

예수님은 제자들에게 "비판을 받지 아니하려거든 비판하
지 말라"라고 말씀하셨다. 이것은 성경에서 가장 많이 인용되
는 구절 중 하나다. 이 구절은 심지어 비신자들 사이에서도 꽤
인기가 있다. 이 구절을 보고 있으면 모든 선택이 합당하고 모
든 가치가 똑같이 고귀하다는 이 시대의 '열린' 정신과 잘 맞아
떨어지는 듯하다.

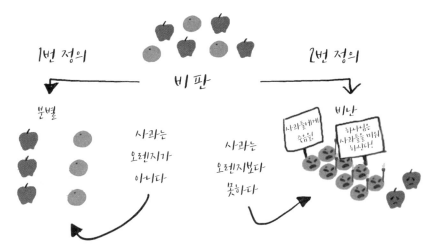

1번 정의

비판

2번 정의

분별

사과는
오렌지가
아니다

사과는
오렌지보다
못하다

비난

사과들에게
죽음을

하나님은
사과들을 미워
하신다!

나는 이 구절의 인기는 의미에 대한 오해에서 비롯하지 않았나 싶다. 신약성경에서 '비판'에 해당하는 헬라어는 두 가지 의미를 지니고 있다. 첫째, 여러 가지 중에서 분별하는 것을 의미할 수 있다. 예를 들어 "빨간 차가 파란 차보다 상태가 낫다고 판단된다"라고 말할 때 이 단어를 사용할 수 있다.

만약 여기서 예수님의 말씀이 분별력을 발휘하지 말라는 뜻이라면 이는 그분의 다른 모든 가르침뿐 아니라 성경의 모든 가르침과 상충한다. 예수님이 "비판하지 말라"라고 말씀하신 설교에서 옳고 그름, 선악을 분간하라는 명령도 하셨다는 점에 주목할 필요성이 있다(마 7:15-20).

'비판'의 둘째 의미는 스스로를 우월한 자로 여기며 상대방을 비난하는 것이다. 예수님은 바로 이런 종류의 비판을 경고하신다. 예수님은 상대방을 비난하거나 함부로 판단하거나 구제불능의 죄인으로 낙인을 찍지 말라고 말씀하신다. 이렇게 사람을 평가 절하하는 것은 바로 적들이 예수님께 한 짓이다. 이는 하나님 나라의 방식이 아니라 세상의 방식이다.

 출애굽기 20장 13절; 고린도전서 4장 5절 참조

47 비판과 사랑은 동시에 할 수 없다

예수님은 남을 평가 절하하는 악한 종류의 비판을 경고하셨다. 이는 하나님의 형상을 따라 지음을 받은 사람들의 내재적 가치를 무시하고, 그들을 존중이나 사랑을 받을 자격이 없는 열등 인류로 보는 것이기 때문이다. 심한 경우에는 남들을, 살 가치조차 없는 존재로 여기기도 한다. "비판하지 말라"라는 명령은 누구도 하나님의 사랑을 받을 가치가 없다 여기지 말라

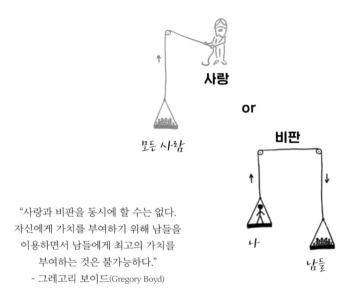

사랑

or

비판

모든 사람

나

남들

"사랑과 비판을 동시에 할 수는 없다.
자신에게 가치를 부여하기 위해 남들을
이용하면서 남들에게 최고의 가치를
부여하는 것은 불가능하다."
- 그레고리 보이드(Gregory Boyd)

는 명령이다. 자신이 남들보다 본질적으로 우월하다고 생각하
지 말라는 명령이다.

이웃들과 의견이 다를 수도 있고 어느 개인이나 집단이 잘
못되었다고 판단할 수도 있다. 하지만 이런 판단이 상대방의
가치에 대한 부정으로 이어져서는 안 된다. 분별과 판단이 적

절한 선을 넘어 정죄와 비난, 가혹한 배척으로 발전해서는 곤란하다.

안타깝게도 오늘날 비난의 어조가 난무하고, 오히려 독한 언어일수록 많은 사람에게 박수갈채를 받는다. 종교적, 문화적, 정치적 입장이 다른 사람들을 비난하는 것이 심지어 기독교 안에서도 용인 가능한 행동이 되어 버렸다. 우리는 그들을 너무도 쉽게 적으로 간주하며 이웃으로서 사랑하기를 거부한다.

누군가를 비난하는 것은 그가 아무런 가치가 없는 존재라고, 우리나 하나님께 전혀 중요하지 않다고 선언하는 것이다. 이렇게 남들을 비난하는 것은 누군가를 낮춤으로 자신이 높아지려는 시도일 때가 많다. 한 목사는 이렇게 말했다. "사랑과 비판을 동시에 할 수는 없다." 왜냐하면 "자신에게 가치를 부여하기 위해 남들을 이용하면서 남들에게 최고의 가치를 부여하는 것은 불가능하"기 때문이다.[1]

 마태복음 15장 1-14절; 히브리서 5장 12-14절 참조

48 내 눈속의 들보 찾기

　왜 남들의 잘못을 보기는 그토록 쉽고 자신의 잘못을 보기는 그토록 어려운 것일까? 예수님은 형제 눈의 티를 빼내려고 하기 전에 먼저 자기 눈의 들보부터 빼내라고 말씀하신다. 이는 자기의를 내세우기보다는 자기반성부터 하라는 말씀이다. 예수님의 체포와 고난에 관한 이야기에서 이 점을 분명히 볼 수 있다.

진실의 거울

경고 :
당신의 문제점은
보기보다 크다

산헤드린 공의회의 표리부동을 생각해 보라. 그들은 예수님이 성전에서 공개적으로 가르침을 펼치실 때 체포할 수도 있었다. 하지만 그렇게 하지 않고 대중의 반발을 피해 한밤중에 도시 밖에서 은밀히 예수님을 연행했다. 그런 다음에는 아무도 예수님을 변호하러 올 수 없도록 한밤중에 재판을 재빨리 처리해 버렸다.

마지막으로, 예수님을 처형할 구실을 지어내기 위해 거짓 증인들을 섭외했다. 그들은 정의를 추구하는 것이 아니라 자신들의 지위를 유지하기 위해 권력을 사용했다. 그들은 통제력을 유지하기 위해 무고한 사람을 죽이는 데 사법 시스템을 악용했다.

산헤드린 공의회는 예수님의 눈에서 단 하나의 티끌을 찾기 위해 하나님의 법을 계속해서 노골적으로 어겼다. 그들은 자기의에 눈이 멀어 더 이상 옳고 그름과 선악을 분간할 수 없었다.

이 이야기는 종교적인 자기의에 빠져 주변의 비종교적인 사람들을 비판하는 모든 이들을 향한 무거운 경종이다. 정신을 바짝 차리지 않으면 자신이 옳다고 지나치게 확신한 나머지 자신의 표리부동을 보지 못할 수 있다. 누군가를 비판하고 싶을

때마다 먼저 "주님, 제 눈 속의 들보를 보여 주십시오"라고 기도
하라.

 마가복음 14장 55-56절; 고린도전서 4장 5절 참조

49 솔직하고 겸손하게
아버지께 구하라

"구하라 그리하면 너희에게 주실 것이요 찾으라 그리하면 찾아낼 것이요 문을 두드리라 그리하면 너희에게 열릴 것이니." 이 말씀을 읽으면 으레 기도에 관한 말씀으로 생각하게 된다. 실제로 예수님은 이어지는 구절들에서 이 말씀을 기도에 적용하신다. 예수님은 술수를 써서 하나님께 복을 얻어내려고 하지 말고 그냥 하나님의 선하심을 믿고서 필요한 것을 구하라

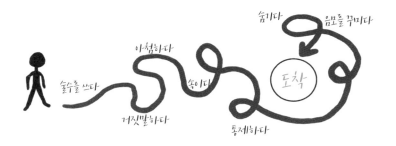

술수를 쓰다
아첨하다
거짓말하다
속이다
통제하다
숨기다
음모를 꾸미다
도착

마태복음 7장 7-8절

구하라
도착

고 말씀하신다. 그런데 이 말씀에 관해 생각할 때는 앞에 나오는 내용을 함께 고려할 필요성이 있다.

구하고 찾고 두드리라는 이 유명한 말씀 전에 예수님은 남을 비판하고 형제의 문제점만 지적하는 위선에 관해 말씀하셨다. 즉 구하고 찾고 두드리라는 명령은 먼저 형제자매와의 관계라는 배경에서 봐야 한다. 그 뒤 하늘 아버지와의 관계에 적용할 수 있다.[2]

여기서 예수님은 남들에게서 우리가 원하는 행동을 얻어내기 위한 두 가지 방법을 병치시키신 것으로 보인다. 세상의 방식은 비판과 무력이다. 세상은 자신을 높이고 남들을 폄하한다. 세상은 자신의 잘못을 숨기고 남들의 잘못을 들추어낸다. 다시 말해, 세상은 술수와 기만을 통해 사람들을 통제하려고 한다. 다른 방법, 하나님의 나라에서 합당한 방법은 간단하다. 그것은 그냥 구하는 것이다.

필요하거나 원하는 것을 남들에게 구하는 것이 어려운 데는 두 가지 이유가 있다. 첫째, 뭔가가 필요한 상황을 솔직하게 고백하기 위해서 창피함을 무릅쓰고 거절을 당할 각오를 해야 한다. 둘째, 구하는 것이 어려운 것은 그것이 상대방의 존엄성과 지위가 우리와 동등하다고, 심지어 우리보다 높다고 인정하는 것이기 때문이다.

　다시 말해, 구하려면 겸손이 필요하다. 필요한 것을 술수로 얻어내려고 하지 않고 솔직하고도 겸손히 구하는 법을 배우면 그것이 하나님 그리고 남들과 함께 살기 위한 훨씬 더 좋은 방법이라는 사실을 발견하게 된다.

 야고보서 4장 2-3절; 느헤미야 2장 1-6절 참조

50 이미 준비된 복이
       기다리고 있다

    예수님은 우리를 향한 하늘 아버지의 사랑을 세상 아버지의 사랑과 비교하신다. 예수님은 어떤 아버지가 떡을 달라는 자식에게 돌을 주고 생선을 달라는 자식에게 뱀을 주겠냐고 물으신다. 세상 아버지들의 사랑은 아무리 좋아봐야 불완전하지만, 그럼에도 자식에게 좋은 것을 준다. 그에 반해 우리 하늘 아버지의 사랑은 한계도 맹점도 없다. 그러니 하나님이 구하는

자에게 좋은 것을 얼마나 더 많이 주시겠는가.

이 가르침을 통해 예수님은 종교적인 사람들에게서 흔히 볼 수 있는 두 가지 그릇된 관념을 뒤엎으신다. 첫째, 예수님은 하나님이 변덕스럽고 심술궂은 신이라는 세상의 관념을 뒤엎으신다. 예수님은 하나님이 사람들에게 마지못해 복을 주시는 하나님이 아니라 너무도 복 주기를 원하시는 사랑 많은 아버지이시라고 말씀하신다. 우리는 하나님이 상의 부스러기라도 던져 주실까 하여 그분의 시선을 끌려고 온갖 아양을 떠는 종들이 아니다. 우리는 그분의 식탁에 초대를 받아 그분의 풍성함을 함께 누리는 아들딸이다.

둘째, 예수님은 의식이나 경건한 행위를 통해 하나님께 복을 얻어내야 한다는 일반적인 믿음을 뒤엎으신다. 종교적인 사람들은 매주 교회에 나가거나 헌금을 많이 하거나 더 간절하게 기도하는 사람만 하나님의 복을 받을 수 있다고 생각하는 경우가 많다. 그들은 하나님을 사랑 많으신 아버지로 보지 않고 마치 어르고 달래야 할 못된 아이처럼 생각한다. 이런 관점은 하나님의 선하심에 관한 분명한 증거를 무시하는 것일 뿐 아니라 자신이 하나님을 꼭두각시처럼 조종할 수 있다고 생각하는 것이라는 점에서 매우 악한 관점이다.

하나님과 자신을 올바른 시각으로 보면 그분께 나아가는 모습이 달라질 수밖에 없다. 이것이 예수님이 그냥 구하라고 명령하신 이유다. 다른 종교들과 달리 예수님은 우리에게 굴욕적인 노예가 아니라 존귀한 자녀의 지위를 제시하신다.

 역대하 1장 7-12절; 빌립보서 4장 6-7절 참조

51 때로는 들어주지 않는 것이 사랑이다

예수님은 하나님이 자녀에게 좋은 것을 주시는 사랑 많은 아버지의 귀로 우리 기도를 들으신다고 말씀하신다. 우리는 하나님을 이런 분으로 생각하며 원하는 것을 과감히 아뢰어야 한다. 그런데 자칫 하나님이 우리가 요청하는 것은 무엇이든 들어주는 분이라고 착각하기 쉽다. 하지만 자녀가 원하는 대로 다 들어주는 부모는 없다. 때로는 들어주지 않는 것이 사랑하

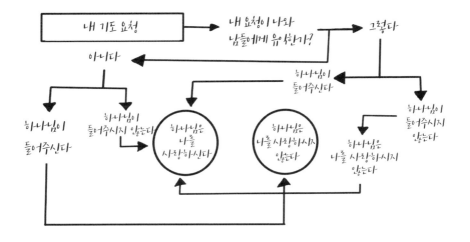

지 않는 것이 아니라 오히려 사랑한다는 증거다.

　오래전 아버지와 인도 뉴델리에 갔을 때 거리에서 한 소년을 만났다. 소년은 깡마른 데다 거의 나체나 다름없었다. 다리는 뻣뻣하고 철사 옷걸이처럼 비틀어져 있었다. 소년은 부서진 포장도로 위에서 두 손으로 무릎받이를 질질 끌며 다가왔다. 소년은 우리를 졸졸 따라다니며 소리를 질렀다. "한 푼만 줍쇼!

한 푼만 줍쇼!" 결국 아버지는 발걸음을 멈추었다. "뭘 원하니?"

"한 푼만 줍쇼!" 소년의 말에 아버지는 웃음을 터뜨리셨다.

"그냥 다섯 푼을 줄게." 아버지의 말에 소년의 안색이 대번에 험악하게 변했다. 소년은 내밀었던 손을 거두고서 싸늘한 눈으로 쳐다봤다. 그는 아버지가 웃으면서 자신을 놀리는 줄로 생각했다. 그도 그럴 것이, 한 푼을 달라고 하는데 다섯 푼을 준 사람은 여태껏 아무도 없었기 때문이다. 소년은 욕을 중얼거리며 몸을 돌렸다. 하지만 동전이 짤랑거리는 소리가 들리자 소년은 고개를 돌렸다. 아버지는 손을 내밀어 동전 다섯 닢을 소년의 손 위에 놓았다. 놀란 소년은 아무 말도 하지 못하고 멍한 표정만 짓고 있었다.

하나님이 우리를 이렇게 보시지 않을까? 그분의 도우심을 절실히 필요로 하는 가련한 존재들로 말이다. 하나님이 더 좋은 것을 주실 수 있고 기꺼이 주시는데도 우리는 진정으로 필요한 것을 구하지 않고 형편없는 것들로 만족할 때가 많다. 하나님이 우리의 어리석은 요청을 들어주시지 않고 대신 더 좋은 것을 주셔도 우리는 거부한다. 우리는 나지막이 욕을 하며 몸을 돌려 가버린다.

하나님은 우리의 요청을 들어주시지 않을 때도 우리를 사랑해서 들어주시지 않는 것이다. 하나님은 훨씬 더 값진 뭔가를 주기를 원하신다. 바로, 그분 자신을![3]

 고린도후서 12장 8-10절; 히브리서 12장 5-11절 참조

52 기도의 놀라운 힘

하늘 아버지께 필요한 것을 그냥 구하라는 예수님의 가르침은 고금을 막론한 대다수 종교의 처방과 극적으로 다르다. 대부분의 종교는 필요한 것을 대놓고 구하기보다는 의식과 제물, 순종으로 신의 은총을 얻어내야 한다고 가르친다. 종교는 대개 우리를 신의 나라의 종으로 만든다. 하지만 예수님은 우리의 위치를 하나님 집의 자녀로 격상시키신다.

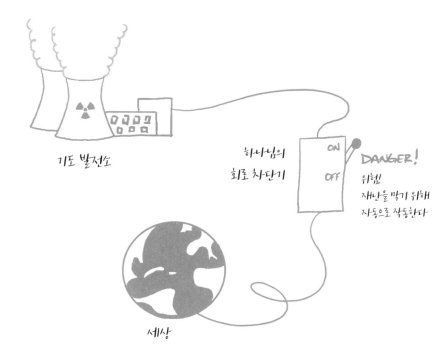

기도 발전소

하나님의
회로 차단기

ON
OFF

DANGER!
위험!
재난을 막기 위해
자동으로 작동한다

세상

물론 우리가 막대한 능력과 존엄성을 부여받았다고 해서 우리가 하나님께 무엇을 구하든 다 받을 수 있다는 뜻은 아니다. 어떤 이들은 응답되지 않은 기도를 기도가 약하다는 증거로 본다.

하지만 C. S. 루이스(Lewis)는 정반대라고 말했다. 기도는 오히려 너무 강력해서 우리의 기도 사용을 제한해야 할 정도다.

루이스는 '일과 기도'(Work and Prayer)란 글에서 다음과 같이 말했다.

> 기도는 … 항상 응답되지는 않는다. 그것은 기도가 약한 요소이기 때문이 아니라 오히려 강한 요소이기 때문이다. 기도는 '통할' 때마다 시공의 제한을 받지 않는다. 이것이 하나님이 기도를 들어주거나 거부하는 재량권을 행사하시는 이유다. 그렇지 않으면 기도가 우리를 파괴할 것이다.[4]

루이스의 말이 맞다면(내 생각에는 맞다!) 기도가 우리의 원대로 응답되지 않을 때 실망하기보다는 오히려 감사해야 한다. 이런 태도는 자녀를 향한 하나님의 완전한 선하심을 확신하지 못하는 이들에게는 이상해 보일 뿐이다.

 갈라디아서 4장 6-7절; 야고보서 5장 14-16절 참조

53 참아 주는 것만으로는 충분하지 않다

마하트마 간디(Mahatma Gandhi)는 이런 글을 남겼다. "종교들은 같은 지점에서 모이는 다른 길들이다. 어차피 같은 목표에 이르는데 서로 다른 길로 간들 어떠하리!"[5]

이 개념은 글로벌화와 상대주의가 지배하는 요즘 세상에서 많은 인기를 끌고 있으며, 그 근거로는 주로 모든 종교의 중심에 황금률이 있다는 주장이 사용된다. 하지만 이 개념이 아무리 좋아 보여도 전혀 사실이 아니다.

자이나교와 불교, 힌두교 같은 동양 종교들은 그 어떤 생명체에도 해를 끼치거나 상처를 주지 말라는 뜻의 아힘사(Ahimsa : 불살생)에 기초한다. 이는 분명 바람직한 이상이지만, 예수님이 가르쳐주신 완벽한 황금률에는 미치지 못한다. 이런 이유로 어떤 이들은 아힘사를 은률이라고 부른다. 은도 좋지만 금이 더 좋다.

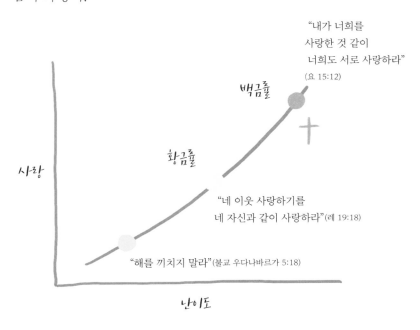

"내가 너희를
사랑한 것 같이
너희도 서로 사랑하라"
(요 15:12)

백금률

사랑

황금률

"네 이웃 사랑하기를
네 자신과 같이 사랑하라"(레 19:18)

"해를 끼치지 말라"(불교 우다나바르가 5:18)

난이도

산상수훈에서 예수님은 "무엇이든지 남에게 대접을 받고자 하는 대로 너희도 남을 대접하라"라고 명령하셨다. 이는 단순히 해나 상처를 주지 말라는 명령이 아니라 적극적으로 사랑하라는 명령이다.

달라스 윌라드는 이렇게 말했다.

> "황금률은 주변 사람들의 유익을 추구하는 것이며, 이는 단순히 해를 끼치지 않는 것보다 훨씬 더 나아가는 것이다. … 이는 단순히 남들의 고통이 줄어드는 것이 아니라 그들의 삶이 크게 풍요로워지기를 바라는 것이다."[6]

사람들을 비폭력과 '다양한 삶의 방식을 존중하는' 관용의 길로 이끄는 종교들이 있고, 그런 점은 칭찬을 받아야 마땅하다. 하지만 그리스도의 길은 우리를 그 이상으로 이끈다. 그 길은 자기희생적인 사랑을 통해 모두의 번영을 추구한다.

 로마서 13장 8-10절; 요한복음 15장 12-13절 참조

54 양심에 따라
남을 대해야 한다

1990년대에 "예수님이시라면 어떻게 하실까?"(WWJD)라는 문구가 붙어 있는 상품들이 선풍적인 인기를 끌었다. 사람들은 이 문구가 적힌 수많은 티셔츠와 팔찌, 장난감을 보며 예수님처럼 행동해야 한다는 사실을 다시금 기억했다.

하지만 이 훌륭한 운동에는 한 가지 심각한 단점이 있다. 각 상황에서 "예수님이시라면 어떻게 하실까?"라는 질문에 답

도덕적인 발전

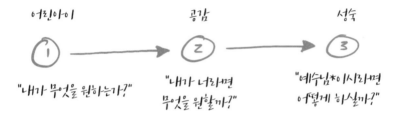

어린아이   공감   성숙

"내가 무엇을 원하는가?"   "내가 너라면 무엇을 원할까?"   "예수님*이시라면 어떻게 하실까?"

＊ 단, 예수님에 관한 지식은
알아서 얻어야 한다.
영성훈련이 필요하다.

하기 위해서는 예수님에 대한 충분한 지식이 있어야만 한다. 조사 결과에 따르면, 크리스천들을 비롯해서 대부분의 사람들에게 이런 지식은 없어 보인다. [7]

감사하게도 산상수훈은 좀 더 현실적인 도덕 명령을 제시한다. 황금률은 하나님에 대한 지식이 아니라 자기 이해를 근거로 한다. 황금률은 남들을 어떻게 대할지 판단할 때 먼저 "예수님이시라면 어떻게 하실까?"보다는 "내가 무엇을 원하는가?"라고 묻는 것이다.

예수님과 같은 행동이라는 도달 불가능한 목표를 잡는 것이 아니라 현실성 있게 자신의 양심을 기준으로 삼는 것이다. 어떤 상황에서든 우리는 우리가 대접받고 싶은 대로 남들을 대접해야 한다. 황금률의 최대 장점은 보편성에 있다. 자신이 원하는 것을 알 정도의 자기 이해만 있다면 언제 어디서 누구나 실천할 수 있다.

오늘, 주변의 보기 싫은 사람 한두 명을 놓고 이렇게 기도해 보라. "내가 저 사람이라면 오늘 무엇을 원할까?" 당신이 대접받고 싶은 대로 이 사람들을 대접하기로 결심하라.

 마태복음 22장 34-40절; 갈라디아서 5장 14절 참조

PART 8

예수님이
나를 모른다고
하시면?

WHAT
IF JESUS
WAS SERIOUS?

좁은 문으로 들어가라 멸망으로 인도하는 문은
크고 그 길이 넓어 그리로 들어가는 자가 많고
생명으로 인도하는 문은 좁고 길이 협착하여 찾는 자가 적음이라
...
그때에 내가 그들에게 밝히 말하되
내가 너희를 도무지 알지 못하니
불법을 행하는 자들아 내게서 떠나가라 하리라

(마 7:13-23)

명령을 들었다면 행동을 보여야 한다

마태복음 5-7장에 기록된 예수님의 산상수훈은 산에서 선포된 최초의 설교가 아니다. 구약에서도 모세는 시내 산에서 이스라엘 백성들에게 하나님의 계명들과 언약을 선포했다. 그 중요한 설교의 결론부에서 하나님은 그분의 백성들에게 순종을 명령하셨다. "모세가 와서 여호와의 모든 말씀과 그의 모든 율례를 백성에게 전하매 그들이 한 소리로 응답하여 이르되 여

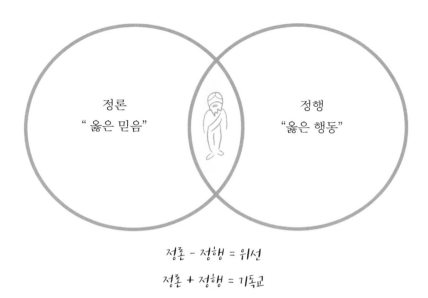

정론 - 정행 = 위선

정론 + 정행 = 기독교

호와께서 말씀하신 모든 것을 우리가 준행하리이다"(출 24:3).

이는 성경에서 반복해서 나타나는 주제 가운데 하나다. 하나님의 백성들은 하나님의 명령을 들은 뒤에 선택의 기로에 선다. 다른 나라들과 신들의 도를 따라 멸망으로 향할 것인가? 아니면 하나님을 따라 생명과 번영의 길로 갈 것인가? 예수님도 산상수훈에서 이 패턴을 그대로 사용하신다.

예수님은 하나님 나라의 도를 기술한 뒤에 여러 번 순종을 강조하면서 가르침을 마무리하신다. 먼저 길과 문의 비유를 말씀하시고(마 7:13-14), 그 다음에는 순종하는 것처럼 보이지만 실상은 순종하지 않는 자들에 대해 경고하신 뒤에(7:15-23) 어리석은 집 건축자와 지혜로운 집 건축자에 관한 비유로 설교를 마치신다. 이 삼중 마무리는 '행하라'는 메시지를 강조하기 위함이다.

예수님은 산상수훈을 아름다운 윤리 이론 혹은 좋지만 인간이 도달할 수는 없는 고원한 이상으로 제시하신 것이 아니다. 예수님이 우리에게 바라시는 것은 그분의 가르침대로 행하는 것이다. 이에 대한 증거는 충분하다.

이스라엘 백성들이 모세 앞에서 선언했듯이 우리도 예수님께 "주님께서 말씀하신 모든 것을 우리가 준행하리이다"라고 선언해야 한다.

 야고보서 1장 22-25절; 시편 1편 1-6절 참조

56 당신을 좁은 길로 부르시다

"가장 많이 처방된", "가장 믿을 만한", "가장 많은 시청자가 본", "가장 많이 팔린."

기업들은 이런 최상급 표현이 과도하게 사용됨에도 불구하고 여전히 효과가 있음을 잘 알고 있다. 이 모든 표현은 소비자들에게 똑같은 메시지를 던진다. 수백만 명의 선택이 틀릴 수는 없다는 것이다. 우리는 수백만 명이 선택한 인기 제품을

살 때 다수의 일부가 되었다는 사실에서 안정감을 느낀다. 이 메시지는 인정을 갈망하는 불안정한 인간 본성을 파고든다. 소비 문화에서 상품의 지각된 가치는 그 상품이 영향을 미친 사람들의 숫자에 정비례한다. 이제 인기는 성공만이 아니라 옳음 자체를 의미한다.[1]

　이것이 우리가 인기를 경계하는 산상수훈의 가르침에 혼

란스러워하고 심지어 불쾌해하기까지 하는 이유다. 예수님은 넓은 문과 인기 있는 길이 파멸로 이어질 뿐이며 "그리로 들어가는 자가 많고"라고 경고하신다. 그래서 제자들을 걷는 이가 별로 없는 어렵고 좁은 길로 부르신다. 예수님은 최신 마케팅 기법을 배우시지 않은 것이 분명하다. 그것은 아마도 성과(최소한, 세상이 말하는 성과)보다 충성에 더 관심이 많기 때문일 것이다.

소비 문화에 젖고 인기와 교세 확장에 급급한 교파에서 신앙생활을 한 사람들에게 예수님의 말씀은 받아들이기가 쉽지 않다.

예수님을 매력적으로 보이게 만들기 위해 좁은 길을 버렸는가? 사람들에게 진짜 하나님이 아닌 그들이 원하는 가짜 신을 제시하고 있지는 않는가? 단지 인기가 있다는 이유로 특정한 목회자나 기독교 사상을 따르고 있는가? 아니면 그것이 예수님의 도와 일치하는지를 유심히 살피는가? 인기의 함정을 조심하라.

 요한복음 6장 60-69절; 이사야 53장 1-3절 참조

57 좁은 길에서 예수를 만나다

　　인기 없는 좁은 길로 가라는 예수님의 명령을 아무도 모르게 홀로 외롭고 고독한 영적인 길을 가라는 명령으로 오해해서는 곤란하다. 개인주의가 극에 달하고 공적인 형태의 기독교가 외면을 당하는 이 시대에 많은 이들이 은둔자와 수도승들만 예수님의 길을 제대로 따를 수 있다고 생각한다. 하지만 전혀 그렇지 않다. 좁은 길은 외로운 길이 아니다.

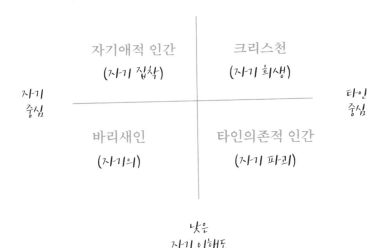

예수님의 부르심은 언제나 공동체로의 부르심이다. 예수님은 어부와 바리새인, 세리, 반체제 인사까지 사회의 다양한 구석에서 제자들을 모아 공동체를 형성하셨다. 또한 그들에게 혼자 마을을 돌아다니게 하시지 않고 짝을 이루어 보내셨다. 성경은 우리에게 서로 사랑하고 격려하고 섬기라고 명령한다. 예수님은 우리가 좁은 길을 함께 걸어갈 때 우리와 함께하신다

고 말씀하셨다.

이보다 더 큰 위로는 없을 것이다. 우리가 좁은 길로 가는 것은 그 길이 쉬워서도 아니요 남들과 달라 보이고 싶어서도 아니다. 단순히 넓은 길이 멸망으로 이어지기 때문도 아니다. 그것은 좁은 길에서 예수님을 만날 수 있기 때문이다. 디트리히 본회퍼는 다음과 같은 표현을 사용했다.

이 길이 꼭 예수님이 명령한 길이어서 억지로 가면 이 길을 걷기가 사실상 불가능하다. 하지만 앞서 걸으시는 예수 그리스도만 보면서 한걸음씩 따라가면 이 길에서 보호를 받을 것이다.[2]

 히브리서 10장 24-25절; 누가복음 24장 13-32절 참조

58 열매를 보면
그 사람을 알 수 있다

오래전, 은퇴를 앞둔 한 유명 목사를 인터뷰한 적이 있다. 목회 초기부터 그의 교회는 급성장을 거듭했다. 매주 수천 명이 그의 설교를 듣기 위해 찾아왔고, 전국을 넘어 전 세계의 목회자들이 그에게 교회 성장 비법을 물어왔다. 그는 심지어 눈부신 목회 성과로 상까지 받았다. 겉으로는 모든 것이 완벽해 보였다.

어떤 열매를 추구하고 있는가?

복음주의 산업 단지	하나님의 나라
● 성과	● 후함
● 힘	● 자비
● 파급력	● 정직
● 영향력	● 온유
● 인기	● 충성
● 시대 부합	● 겸손

  하지만 그 목사는 내게 자신의 내적 삶이 엉망이며 자신의 주변 사람들은 다 그것을 눈치 채고 있다고 고백했다. 그의 결혼 생활은 파탄 직전이었고 자녀들은 그에 대한 분노를 품고 있었다. 하나님과의 교제는 거의 없다시피 했다. 그의 영혼은 분노와 원망, 근심만 낳고 있었다.

산상수훈에서 예수님은 열매를 보아 그 사람을 알 수 있다고 말씀하셨다. "좋은 나무가 나쁜 열매를 맺을 수 없고 못된 나무가 아름다운 열매를 맺을 수 없느니라."

그 목사가 보여 준 문제점은 우리가 그릇된 열매를 추구할 때가 많다는 것이다. 현대인들은 목회자를 비롯한 사람들을 직업적 성공으로 평가하는 경향이 있다. 얼마나 많은 성과를 거두고 있는가? 얼마나 많은 사람에게 영향을 미쳤는가? 얼마나 많은 것을 이루었는가? 우리는 (세상이 말하는) 성과를 거두는 리더가 경건한 리더라고 착각하는 경향이 있다.

산상수훈의 배경으로 볼 때 예수님이 원하시는 "열매"는 성과가 아니라 인격의 측면이 분명하다. 산상수훈에서 예수님은 계속해서 분노, 사랑, 정욕, 후함, 위선, 정직, 근심, 평강 같은 내적 특징에 초점을 맞추신다. 이는 거대한 교회나 사역 단체를 키워 세상의 갈채를 받는 리더라 해도 썩은 열매를 맺는 못된 나무일 수 있다는 뜻이다.

반대로, 경건한 열매를 맺는 건강한 나무라 해도 세상이 환호하는 가시적인 성공을 거두지는 못할 수 있다는 뜻이다.

 갈라디아서 5장 22절; 시편 1편 1-6절 참조

59 옛 자아를 뿌리 뽑고 하나님 안에 새 자아를 심다

자기계발의 문화 속에서 살고 있다. 우리는 뭐든 바람직하지 못하거나 부족하거나 열악한 것을 지식과 의지의 조합으로 바꿀 수 있다고 믿는다. 적절한 책이나 적절한 프로그램, 적절한 시스템을 활용하기만 하면 원하는 사람이 될 수 있다.

하지만 예수님은 인간 잠재력에 관한 전혀 다른 비전을 제시하신다. 예수님은 사람을 나무에 비유하신다. 그분에 따르

거하다 혹은 만들어 내다

열매가 맺히는 방식(요 15:1-5)

복음주의 산업 단지가 '생각하는'
열매가 맺히는 방식

면, 나무가 맺는 열매는 나무 자체의 정체성에 따라 결정된다.
즉, 좋은 나무는 좋은 열매를 맺고 나쁜 나무는 나쁜 열매를 맺
는다. 사과나무가 살구 열매를 맺을 수 없고, 복숭아나무가 귤
을 생산할 수는 없다. 아무리 많은 지식이나 의지, 노력을 쏟아
부어도 나무가 무엇을 생산할지를 바꿀 수는 없다. 어떤 열매
를 맺을지는 나무의 정체성에 내재해 있다. 열매는 저절로 맺

힌다.

이것이 자기계발의 문화 속에서 사는 크리스천들로서는 당혹스러울 뿐이다. 성령의 열매가 "사랑, 희락, 화평, 오래 참음, 자비, 양선, 충성, 온유, 절제"라는 구절을 읽자마자 우리는 이런 품성을 더 많이 갖추기 위한 프로그램을 찾는다. 우리는 더 많은 인내를 직접적으로 추구하면 인내심을 키울 수 있다고 생각한다.

하지만 그리스도의 가르침은 우리의 열매를 개선하기보다는 우리의 정체성을 바꾸라는 것이다. 우리의 옛 자아를 뿌리 뽑고 하나님 안에 새로운 자아를 심어야 한다. 하나님께 뿌리를 내리고 성령 안에서 자라나는 나무가 되어야 한다. 그러면 자연스럽게, 심지어 아무 노력 없이 성령의 좋은 열매를 맺게 되어 있다.

 마태복음 11장 25-30절; 갈라디아서 5장 16-25절 참조

60 하나님과 함께하는 삶에
더 집중하다

좋은 나무는 가만히 두어도 좋은 열매를 맺게 되어 있다. 이것이 예수님이 기술하신 제자의 모습이다. 우리는 건강하게 자라는 나무와도 같으며, 우리 안에 있는 하나님의 생명이 우리 삶에서 사랑, 희락, 평강, 자비, 긍휼의 열매로 맺힌다. 예수님에 따르면 이런 삶의 열쇠는 포도나무에 붙어 있는 가지나 좋은 땅에 뿌리를 내리고 있는 나무처럼 그분과의 교제 안에

거하는 것이다. 우리의 초점은 가지의 열매가 아니라 뿌리의 깊이가 되어야 한다. 예수님께 깊이 뿌리를 내리고 살면 열매는 저절로 맺히게 되어 있다.

하지만 많은 기독교 공동체 안에 경건하게 보여야 한다는 심한 사회적 압박이 존재한다. 그렇다보니 우리는 쉽게 측정할 수 있는 가시적인 성과에 초점을 맞추는 경향이 있다. 기도를 통해 그리스도 안에 깊이 뿌리를 내리지 않고 남들에게 옳은 행동과 심벌을 보이는 것에만 관심이 있다. 이럴 때 우리는 크리스마스트리 크리스천들로 전락한다.

크리스마스트리는 실제 나무에 비해 지나치게 화려한 모습으로 사람들의 관심을 구한다. 금속 조각과 빛으로 장식되어 있고 반짝거리는 유리 열매들이 달려 있지만 그 모든 장식물은 트리가 죽은 나무라는 기분 나쁜 사실을 감추기 위한 것일 뿐이다. 크리스마스트리는 뿌리가 잘려서 사실상 죽은 나무다. 매주, 이를테면 주일 아침마다 물을 주어야 겨우겨우 버텨나갈 수 있다. 하지만 결국 크리스마스트리는 가짜 열매들을 떼어내고 공터에 버려지거나 불태워진다.

너무도 많은 기독교 공동체가 아름답지만 죽은 크리스마스트리로 가득하다. 하지만 우리 주님이 바라시는 것은 진짜

크리스마스트리 크리스천들

- 기독교 심벌들로 장식
- 가짜 열매들이 진짜 열매의 부재를 감추고 있다
- 스스로 관심을 받으려고 한다
- 뿌리에서 잘려져 있다
- 죽음을 늦추기 위해 매주 물을 뿌려야 한다
- 결국 버려진다

열매를 맺는 과수원의 은은한 아름다움이다.

마태복음 23장 25-28절; 요한복음 15장 1-6절 참조

61 진짜를 알아볼 영적 투시력이 필요하다

    교회 안에서 가짜 리더들을 찾아내는 일은 쉽지 않다. 이 것이 예수님이 그들을 양의 옷을 입은 이리에 비유하신 이유 다. 겉으로는 의롭고 경건하고 충분히 '크리스천'처럼 보인다. 옳은 말을 사용하고 옳은 사상을 표현하고 옳은 심벌과 활동도 보여 준다. 하지만 산상수훈에서 예수님은 겉만 보면 거짓 선 지자들에게 속기 쉽다고 경고하신다. 그래서 우리는 종교적인

옷과 겉모습을 뚫고 들어가 그 아래에 무엇이 있는지를 눈여겨 봐야 한다. 하지만 어떻게 그럴 수 있는가?

영적 투시력이 필요하다. 가면 속을 즉시 뚫어보는 슈퍼맨의 능력과 달리 영적 투시력은 두 가지를 필요로 한다. 바로, 시간과 가까움이다. 예수님은 사람의 진정한 정체성이 나무처럼 '열매'로 드러난다고 말씀하셨다. 나무의 정체성을 멀리서는 알 수 없다. 가까이 다가가야 한다. 그리고 계절들이 지나가기 전까지는 나무의 품질을 알 수 없다. 나무의 열매와 품질을 제대로 알려면 시간과 가까움이 필요하다.

리더에 대해서도 마찬가지다. 안타깝게도 오늘날 이 두 가지를 경시하는 교회가 너무도 많다. 우리는 스크린을 통해서만 보는 사람들에게 섣불리 막대한 영적 권위를 부여한다. 그리고 리더의 삶에서 진짜 열매를 볼 수 있을 만큼 한 곳에 오래 붙어 있지 않고 트렌드를 좇아 이리저리 옮겨 다닌다.

우리가 리더들과 멀리서 잠깐 상호작용하는 것은 이리들이 들끓기에 완벽한 조건이다. 리더들과 가까이서 충분한 시간을 보내는 것의 중요성을 무시하니 많은 교회와 사역 단체가 무너지는 것도 무리는 아니다. 우리의 신앙에 영향을 미치는 사람들의 본모습을 제대로 알려면 그들에게 가까이 다가가서 충분한 시간을 보내야 한다.

 사무엘상 16장 7절; 예레미야 23장 1-6절 참조

62 그 누구도
마지막 날을 자신할 수 없다

마트 트웨인은 이런 말을 했다고 한다. "성경에서 신경 쓰이는 것은 이해할 수 없는 부분이 아니라 이해되는 부분이다."[3] 내게는 마태복음 7장 21-23절이 그런 부분이다. 이 구절을 연구해서 이해될수록 신경이 쓰인다. 이 구절이 우리가 품은 수많은 가정을 깨뜨리기 때문이다.

이 구절은 산상수훈의 끝머리에 나오는 일련의 경고들에

속해 있다.

예수님은 제자들에게 멸망으로 이어지는 인기 있는 길이 아닌 생명으로 이어지는 좁은 길을 선택하라고 경고하신다 (7:13-14). 그리고 나서 경건하게 보이지만 실상은 하나님의 나라에 반대하는 양의 탈을 쓴 이리들 즉 거짓 선지자들에 관해 경고하신다(7:15-20). 계속해서 예수님은 거짓 선지자들에 관해 설명하면서 스스로 그리스도께 속했다고 생각하는 모든 이들

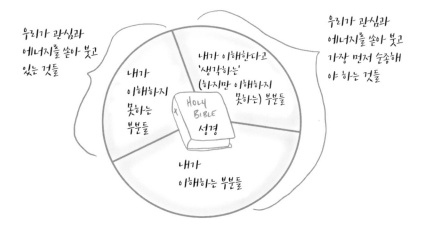

에게 자기반성을 촉구하신다.

예수님은 심판의 날과 착각의 위험성에 관해 말씀하신다. 예수님에 따르면 그분께 변호를 부탁할 사람들이 있을 것이다. 그들은 화려한 말과 활동으로 인해 자신들이 그리스도께 속했다고 주장할 것이다. 하지만 예수님은 "나는 너희를 모른다"라며 싸늘하게 그들을 외면하실 것이다. 이는 성경 전체에서 가장 충격적인 구절 중 하나다. 그 이유는 뒤에서 설명하도록 하겠다. 여기서는 이 구절에서 가장 충격적인 단어를 눈여겨보자. "많은." 예수님은 스스로 하나님께 속했다고 확신했다가 문전박대를 당하고서 충격에 빠질 사람이 '많을' 것이라고 말씀하신다.

이 구절을 읽고 가만히 자신을 돌아보라. "왜 내가 그리스도께 속했다고 생각하는가? 어째서 그렇게 확신하는가?"

 호세아 8장 1-8절; 누가복음 6장 46절 참조

63 진짜 주인은 행동으로 드러난다

아내와 나는 고등학교 친구였다. 어느 날 아내가 전화를 걸어와 아버지가 새로 산 차를 자랑했다.

"어떤 차인데?"

"페라리야!"

"그럴 리가."

"정말이라니까."

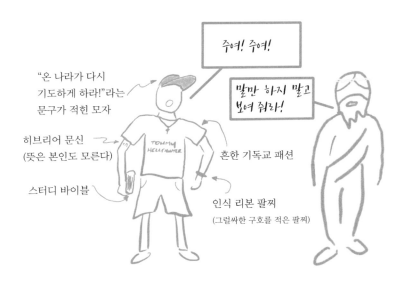

"온 나라가 다시 기도하게 하라!"라는 문구가 적힌 모자

히브리어 문신 (뜻은 본인도 모른다)

스터디 바이블

흔한 기독교 패션

인식 리본 팔찌 (그럴싸한 구호를 적은 팔찌)

주여! 주여!

말만 하지 말고 보여 줘라!

아내는 우겼지만 나는 증거가 필요했다.

"그럼 타고 와서 보여 줘."

그날 우리 집 앞에 선 차는 서스펜션은 부러져 있고 배기 시스템도 없는 15년 된 구식 똥색 파이어버드(Firebird)였다. 아내는 몇 주 내내 그것이 페라리라고 우겼지만 아내가 아무리 시끄럽게 떠들어야 고물 자동차가 화려한 이탈리아 스포츠카로 변할 수는 없었다.

때로 우리는 거짓을 계속해서 말하면 그것이 사실이 되는 것처럼 스스로를 속이곤 한다. 예수님은 마지막 심판에 관한 설교에서 이런 함정을 경고하셨다. "나더러 주여 주여 하는 자마다 다 천국에 들어갈 것이 아니요 다만 하늘에 계신 내 아버지의 뜻대로 행하는 자라야 들어가리라."

예수님을 주라 부르는 것은 좋지만 말로만 부른다고 해서 그분이 우리의 주인이 되시지는 않는다. 우리 삶의 진짜 주인은 말이 아닌 행동에서 드러난다. 예수님의 나라에 들어가려면 그분을 실제로 우리의 왕으로 삼아야 한다. 만약 그분의 권위를 부인하는 삶을 지속한다면 아무리 그분을 말로 찬양한다 해도 그분을 왕으로 삼은 사람이라고 할 수 없다.

 야고보서 1장 22절; 마태복음 21장 28-32절 참조

64 심판의 날,
문전박대를 당하다

앞서 우리는 행동이 없는 말의 위험성을 살펴보았다. 예수
님을 "주"라고 부르면서 예수님의 종처럼 행동하지 않는 사람
들은 스스로를 속이는 자들이다. 그렇다면 예수님의 이름으로
경건한 행동을 많이 하는 것이 예수님이 원하시는 것일까? 안
타깝지만 그것도 아니다.

예수님은 계속해서 이렇게 말씀하신다. "그날에 많은 사람

최후 심판에서 낙제하는 법

마태복음 7장 21-23절

- A+ 옳은 신학
- A+ 담대한 설교
- A+ 악/불의와의 싸움
- A+ 기적 행하기
- F 하나님과의 교제 낙제

FAIL

242

이 나더러 이르되 주여 주여 우리가 주의 이름으로 선지자 노릇 하며 주의 이름으로 귀신을 쫓아내며 주의 이름으로 많은 권능을 행하지 아니하였나이까 하리니 그때에 내가 그들에게 밝히 말하되 내가 너희를 도무지 알지 못하니 불법을 행하는 자들아 내게서 떠나가라 하리라"(마 7:22).

여기서 예수님이 말씀하시는 사람들은 말과 화려한 행동이 가득한 사람들이다. 이들은 그리스도와 그분의 사명에 열정을 품고 있는 것처럼 보인다. 이들은 예수님을 단순한 존경의 호칭을 넘어선 "주님"이라고 부른다. 마지막 심판의 자리에서 이는 예수님의 신성을 인정하는 표현이다. 이들은 예수님께 마지막 날 심판할 권한이 있다고 믿고 있는데, 이 권한은 유대인들이 오직 하나님께만 속한 것으로 믿는 권한이었다. 다시 말해, 이들은 예수님을 하나님으로 믿는 사람들이다.

이들은 예언도 한다. 이는 하나님의 말씀을 선포한다는 뜻이다. 다시 말해, 이들은 사역 리더와 설교자들이다. 마지막으로, 이들은 귀신을 쫓아내고 기적을 행할 정도로 능력이 충만하다. 그리고 이들은 이 모든 역사를 그리스도의 이름으로 행한다. 실로 대단한 이들이다. 이들은 우리가 존경해 마지않는 크리스천 리더들이다.

이토록 사역 능력이 출중하고 설교에 능하며 예수님을 하나님으로 인정하는 이들이 어떻게 하나님의 나라에서 문전박대를 당할 수 있는가? 왜 예수님은 이런 사람들에게 "내게서 떠나가라"라고 말씀하실까?

이 질문은 곧 다루기로 하고, 지금은 스스로에게 묻자. 당신은 어떤 점에 감탄하는가? 크리스천 리더에게서 어떤 특징을 기대하는가? 그런 시각은 무엇의 영향을 받았는가? 당신이 감탄하는 특징을 예수님은 전혀 감탄하시지 않을 수도 있을까?

 이사야 1장 11-17절; 디모데후서 4장 3-4절 참조

65 결국은 사람이 가장 중요하다

산상수훈에서 묘사된 심판의 장면을 이해하기 위한 열쇠
는 바로 "불법을 행하는 자들"이다. 예수님은 "불법을 행하는
자들아 내게서 떠나가라"라고 말씀하신다(마 7:23).

여기서 불법을 행하는 자들은 예수님의 권위에 복종하지
않은 사람들이다. 그들은 하나님 앞에 자신을 내려놓지 않은
자들이다. 이 거짓 크리스천들은 설교에서 귀신을 쫓고 기적까

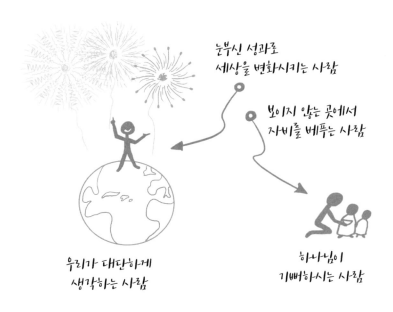

눈부신 성과로
세상을 변화시키는 사람

보이지 않는 곳에서
자비를 베푸는 사람

우리가 대단하게
생각하는 사람

하나님이
기뻐하시는 사람

지 온갖 하나님의 역사를 행하면서도 정작 하나님의 뜻에는 순
종하지 않는다. 그들은 자신의 뜻을 내려놓지 않았다.

이런 설명이 그들을 '알지 못한다는' 예수님의 직전 말씀과
일치한다. 그들은 예수님의 이름으로 온갖 역사를 행하면서도
정작 그분과의 관계는 없다. 친밀함이 없다. 그래서 그들은 그
분의 뜻을 진정으로 알지 못한다. 그러니 그분의 뜻에 복종할

리가 만무하다.

　마태복음 24장 12절에서도 "불법"이란 표현이 등장한다. 이 구절은 사랑이 식게 만드는 거짓 선지자들을 지적하고 있다. 이 두 구절을 합쳐서 보면, 불법을 행하는 자들은 하나님의 이름을 들먹이며 놀라운 일을 행하지만 하나님 뜻의 가장 중요한 측면을 무시하는 자들이다.

　그 측면은 바로 하나님과 남들을 사랑하는 것이다. 성경은 하나님의 뜻을 놀라운 능력의 역사보다 연민과 자비, 사랑과 훨씬 더 많이 연결시키고 있다. 거짓 기독교는 언제나 이 순서를 뒤집어, 겸손한 순종과 자기희생적인 사랑보다 눈부신 성과를 더 중시한다.

 고린도전서 13장 1-3절; 마태복음 24장 41-46절 참조

66 하나님께 사용된다고 해서 반드시 하나님께 속한 것은 아니다

산상수훈의 끝 무렵에서 예수님은 마지막 심판의 날 많은 사람이 그분 앞에 와서 강력한 사역들을 의의 증거로 내세울 것이라고 말씀하신다. 하지만 예수님은 고개를 저으실 것이다. "나는 너희를 알지 못한다."

혼란스럽지 않은가? 이 거짓 크리스천들이 예수님을 모르고 성령으로 충만하지 않다면 어떻게 그분의 이름으로 기적을

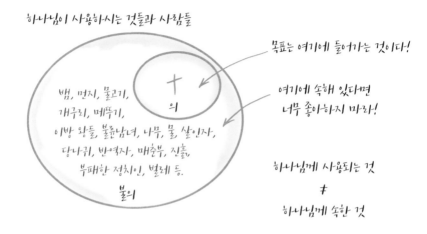

하나님이 사용하시는 것들과 사람들

목표는 여기에 들어가는 것이다!

여기에 속해 있다면
너무 좋아하지 마라!

뱀, 먼지, 물고기,
개구리, 메뚜기,
이방 왕들, 불륜남녀, 나무, 물, 살인자,
당나귀, 반역자, 매춘부, 진흙,
부패한 정치인, 벌레 등.

의

불의

하나님께 사용되는 것
≠
하나님께 속한 것

행하고 귀신을 내쫓을 수 있는 것일까? 이 의문을 푸는 데 도움
이 되는 이야기 하나가 구약에서 발견된다.

광야에서 물과 음식을 본 지 오래되자 하나님의 백성들은
모세에게 불평을 터뜨렸다. 이에 모세가 하나님께 묻자 바위를
향해 말하면 마실 물이 나올 것이라는 답이 돌아왔다. 하지만
모세는 그 명령을 어겼다. 하나님이 시키신 대로 바위를 향해

말하기만 하면 될 것을, 그는 지팡이로 바위를 두 번이나 쳤다. 이 불경과 불순종으로 모세는 약속의 땅에 들어가지 못하는 가혹한 벌을 받게 되었다. 이 이야기는 평범해 보이지만 평범하지 않다. 모세가 불순종했을 때 일어난 일은 중요한 교훈을 준다. 모세의 불순종에도 불구하고 바위에서 물이 철철 흘러나왔다. 모세의 불순종과 상관없이 기적은 일어났다. 인간적인 관점에서 보면 모세의 사역은 효과적이었다. 능력으로 가득했고 찬사를 받아 마땅했다. 하지만 하나님의 관점에서 보면 모세는 실패했다. 므리바에서 모세의 사역은 하나님께 거부를 당했다.

예수님이 마태복음 7장에서 말씀하신 거짓 크리스천들의 경우가 이와 같은 것은 아닐까? 하나님이 그분의 백성들을 향한 은혜와 사랑으로 인해 때로는 불경한 리더들을 통해서도 능력을 보이시는 것은 아닐까? 그 리더들 '때문에'가 아니라 리더들에도 '불구하고' 역사하시는 것은 아닐까?

그렇다. 하나님께 사용되는 것을 하나님께 속한 것으로 혼동해서는 곤란하다.

 민수기 20장 10-13절; 요한복음 6장 28-35절 참조

67 헌신과 선교는 별개의 문제다

우리는 행동주의의 시대에 살고 있다. 우리는 '세상을 변화시키는' 사람들을 찬양하며, 우리의 가치가 영향력의 크기에 달려 있다고 믿는다. 이런 정신은 기독교 안에서도 분명하게 나타나고 있다. 단지 '선교'라는 언어 아래에 파묻혀 있을 뿐이다.

교파마다 선교를 다르게 정의한다. 어떤 교파는 복음 선포와 전도를 강조한다. 그런가 하면 불의한 사회의 개혁을 외치

선교주의의 약속(과 거짓말)

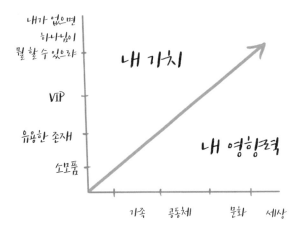

는 교파도 있다. 은사주의 교파들은 악한 힘들과의 영적 전투가 중요하다고 목소리를 높인다. 선교를 어떻게 정의하든 우리는 하나님의 사역에 얼마나 열심인가로 사람의 믿음과 가치를 평가하는 경향이 있다.

이것이 우리가 마태복음 7장 21-23절에 기록된 예수님의 경고를 가슴 깊이 새겨야 하는 이유다. 이 구절에서 예수님은 평생 하나님의 진리를 선포하고 영적 전쟁을 벌이고 세상을 변화시킨 사람들을 외면하신다. 그들은 하나님께 사용되는 것이 그분께 속한 증거라고 착각했다. 그들은 하나님이 필요하다면 불경한 인물도 사용하실 수 있고 실제로 자주 사용하신다는 점을 망각했다.

하나님을 위한 행동이 곧 하나님께 속한 증거라는 시각을 '선교주의'로 부른다. 고든 맥도널드(Gordon MacDonald)는 이것을 "사람 인생의 가치가 거대한 목표의 성취로 결정된다는 믿음"으로 정의한다.[4] 이는 정말 많은 기독교 공동체들이 처해 있는 매우 실질적인 위험이다. 산상수훈에서 볼 수 있듯이, 하나님 자신께는 헌신하지 않은 채로 하나님의 선교에만 평생을 헌신하는 일이 정말로 가능하다.

 요한계시록 2장 1-5절; 빌립보서 3장 7-11절 참조

PART 9

예수의 말을
진짜 받아들였다면
삶은 달라진다

**WHAT
IF JESUS
WAS SERIOUS?**

그러므로 누구든지 나의 이 말을 듣고 행하는 자는
그 집을 반석 위에 지은 지혜로운 사람 같으리니
비가 내리고 창수가 나고 바람이 불어
그 집에 부딪치되 무너지지 아니하나니 …
(마 7:24-29)

68 누가 지혜로운 사람인가?

예수님은 성경에서 가장 잘 알려진 비유 중 하나로 설교를 마무리하신다. 그것은 반석 위에 집을 지은 지혜로운 사람과 모래 위에 집을 지은 어리석은 사람을 비교한 비유다. 이 이미지는 정말 간단해서 어린아이도 쉽게 이해할 수 있을 정도다. 이 비유의 요지는 "어리석은 사람이 되지 마라"다. 아마도 주일 학교 찬양과 공과책에서 이 이야기가 자주 사용되는 것은 이런

마태복음 7장 24-26절

반석은 무엇을 의미하는가?

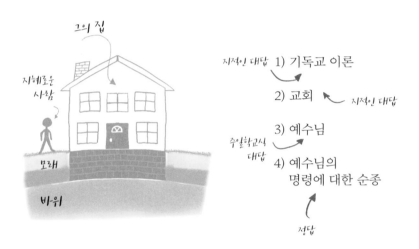

그의 집

지혜로운 사람

모래

바위

지적인 대답 → 1) 기독교 이론

2) 교회 ← 지적인 대답

주일학교식 대답 → 3) 예수님

4) 예수님의 명령에 대한 순종

↑ 정답

단순성 때문일 것이다.

그런데 아이러니하게도 이미지가 단순하다는 점과 "어리석은 사람이 되지 말라"라는 단순한 요지가 오히려 이 비유가 자주 곡해되는 원인으로 작용하고 있다. 어릴 적에 나는 반석 위에 집을 지은 사람이 크리스천이고 어리석은 사람은 비신자를 의미한다고 배웠다. 하지만 이 이야기를 있는 그대로 읽어 보면 전혀 다른 내용이 나타난다.

이는 겉보기에는 똑같은 두 집에 관한 비유다. 유일한 차이는 표면 아래에만 존재한다. 여기서 예수님은 신자와 비신자를 비교하신 것이 아니다. 예수님은 두 종류의 크리스천을 비교하고 계신다. 바로 진짜 크리스천과 가짜 크리스천이다. 예수님에 따르면 지혜로운 사람과 어리석은 사람은 겉으로는 똑같아 보인다. 그래서 존 스토트는 이렇게 말했다. "둘 다 성경책을 읽고 교회에 다니고 설교를 듣고 기독교 서적을 산다. 둘을 구별하기 힘든 이유는 둘의 삶의 깊은 기초가 보이지 않도록 감추어져 있기 때문이다."[1]

이 비유는 우리의 가장 중요한 것 즉 우리의 삶과 운명을 결정하는 것은 남들이 보이지 않는 곳에 감추어져 있다는 점을 지적해 준다. 기초는 주변 사람들이 쉽게 보고 칭찬할 수 있는 것이 아니다. 따라서 남들의 인정을 위해 살면 기초에 별로 신경을 쓰지 않기 쉽다. 이는 큰 위험에 빠진 것이다. 예수님은 우리가 정체성을 쌓는 숨은 기초가 가장 중요하다고 말씀하신다. 세상은 집의 으리으리한 외관을 보고 감탄하지만 그 기초의 질이 어떠한지는 오직 하나님만 아신다.

 마태복음 6장 2-6절; 갈라디아서 1장 10절 참조

69 우리의 믿음을 강하게 만드는 것은
보이지 않는 훈련들이다

"다운튼 애비"(Downton Abbey)라는 영국 드라마를 재미있게 봤던 기억이 난다. 이 드라마는 20세기 초 한 영국 귀족의 저택에서 벌어지는 보이는 삶과 보이지 않는 삶을 그리고 있다. 저택의 위층 거주자들은 사치품과 풀 먹인 빳빳한 칼라, 오후 시간의 여유로운 차로 이루어진 평온한 환경에서 살았다.

반면, 수면 아래서 부지런히 발을 놀리는 우아한 백조처럼

보이지 않는 것이 모든 것을 결정한다

보이는 부분

보이지 않는 부분

보이지 않는
순종의 기초

표면 아래서는 온갖 분주한 작업이 이루어지고 있었다. 아래층에는 하인과 시녀, 요리사, 집사, 마부들의 분주함이 가득했다. 그들이 밤낮으로 이리저리 뛰어다니지 않으면 위층의 편안한 삶은 가능하지 않다.

　이 드라마는 산상수훈 말미에 실린 집과 기초에 관한 비유와 별로 다르지 않다. 예수님은 집이 얼마나 오래 버틸지를 결정하는 것은 표면 위의 화려한 속성들이 아니라 아래 묻혀서 보이지 않는 부분이라는 점을 강조하신다.

최근 연구들에 따르면, 많은 크리스천들, 특히 많은 청년들이 믿음의 길을 떠나고 있다고 한다. 내가 볼 때 문제의 한 원인은 강한 기초보다 화려한 집을 짓는 데 초점을 맞추는 대중적인 형태의 기독교가 아닐까 싶다. 위층의 삶은 편하고 대체로 즐겁다. 이는 흥미진진한 교회 행사와 활동들을 의미한다. 반면, 아래층의 삶은 훨씬 더 어렵다. 이는 기도와 고독, 고백 같은 영적 훈련의 삶이다. 바로 이 삶이 집을 진정으로 유지해 주는 부분이다.

크리스천 삶을 유지하려면 종의 구역으로 내려가야 한다. 거기서 보이지 않는, 그래서 아무도 알아 주지 않는 순종의 기초를 쌓는 시간이 반드시 필요하다.

 예레미야 17장 7-8절; 에베소서 3장 14-19절 참조

70 미치광이 혹은 그리스도

    마태는 예수님이 설교를 마치시자 군중이 "그의 가르치심에 놀라니 이는 그 가르치시는 것이 권위 있는 자와 같고 그들의 서기관들과 같지 아니함일러라"라고 기록하고 있다. 당시 대부분의 랍비들은 자신의 학벌을 내세워 신뢰성과 추종자들을 얻었다. 그들은 설교 중에 자신이 어느 학교에서 얼마나 저명한 종교 학자 밑에서 배웠는지를 들먹이고 유명한 성경 전문

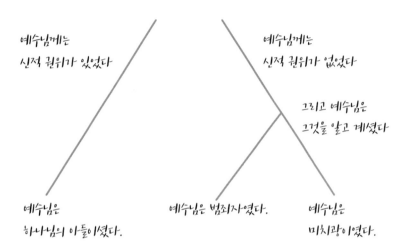

예수님은 여느 종교 교사들과는
전혀 다른 권위로 가르치셨다(마 7:29)

예수님께는
신적 권위가 있었다

예수님께는
신적 권위가 없었다

그리고 예수님은
그것을 알고 계셨다

예수님은
하나님의 아들이셨다.

예수님은 범죄자였다.

예수님은
미치광이였다.

가들의 글을 자주 인용했다.

하지만 예수님은 전혀 그렇게 하시지 않았다. 다시 말해, 서기관들은 권위에 기대어 가르친 반면 예수님은 권위로 가르치셨다. 이것이 청중이 놀란 이유다.

예수님은 그 어떤 옛 문헌이나 학자의 글도 참조하지 않고 전혀 새로운 방식으로 하나님의 법을 풀이하셨다. 마치 자신이 하나님인 것처럼 말씀하셨다. 당시 문화에서 이런 권위를 주장하는 것은 심각한 망상에 빠져 있거나 일부러 사람들을 기만하고 하나님을 모독하거나 실제로 전능자의 권위를 지녔다는 뜻이었다. 다시 말해, 예수님은 미치광이이거나 범죄자이거나 정말로 그리스도이셨다.[2]

당신은 예수님의 산상수훈을 어떻게 보는가? 단순히, 고려할 만한 가치가 있는 도덕 이론 정도로 여기는가?

예수님의 청중에게 그런 해석은 있을 수 없었다. 그들처럼 우리도 예수님이 악인인지 정신 나간 인물인지 실제로 하나님의 권위로 말씀을 하고 계신지 결론을 내려야 한다.

 누가복음 5장 17-26절; 마가복음 11장 27-33절 참조

71 하나님의 임재에 끌리다

삶에서 중력의 작용은 너무 꾸준해서 우리는 좀처럼 그것에 관한 생각을 하지 않는다. 하지만 사실 중력은 우주에서 가장 강력한 힘 가운데 하나다. 앨버트 아인슈타인(Albert Einstein)은 일부 천체들의 중력이 심지어 시공간까지 휘게 만들 수 있다고 판단했다.

나는 중력의 힘과 영혼 사이에 비슷한 면이 있다고 생각한

영혼의 무게

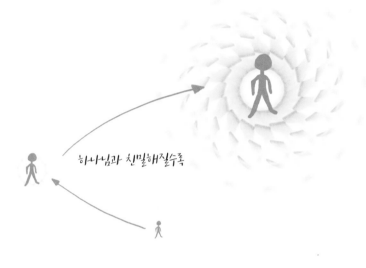

하나님과 친밀해질수록

다. 우리가 매일 마주치는 대부분의 사람들은 평범하다. 우리는 그들을 대단하게 여기지 않는다. 개중에는 우리가 좋아하는 사람들도 있고, 싫어하는 사람들도 있다. 그런데 가끔 우리는 무게감이 유독 큰 영혼들을 만난다. 주변 세상을 휘게 만들 만큼 강해 보이는 중력의 소유자들을 만난다. 우리는 설명할 수 없는 이유로 그들에게 끌린다. 그들이 말하면 우리 마음속이

뜨겁게 타오른다. 외모 때문에 끌리는 것은 아니다. 딱히 남들보다 지식이 많거나 육체적으로 용맹해서도 아니다. 왠지 모를 권위가 있기 때문이다.

예수님이 설교하실 때 모인 군중이 그런 느낌을 받지 않았을까? 그들은 그분의 말씀에 놀라고 그분의 권위에 어리둥절했다. 그분은 여느 평범한 선생들과 뭔가 달랐다. 그들이 느꼈던 것, 그리고 우리가 영적 무게를 지닌 사람들 곁에서 느끼는 것은 바로 하나님의 임재다.

우리는 다양한 세상적인 매력에 끌린다. 하지만 우리가 가장 깊이 갈망하고 가장 필요로 하는 것은 바로 하나님 자신이다. 마크 래버튼(Mark Labberton)은 이런 종류의 영적 무게를 찾아 여러 교회를 전전하던 시절에 관해 이렇게 말했다.

"매주 나는 뭔가에 목말라 있었다. 내가 원한 것은 세련된 현대식 예배가 아니었다. 특정한 종류의 음악이나 교파, 의식, 교회 규모를 찾는 것도 아니었다. 나는 평범한 삶 속에서 하나님의 무게를 보고 싶었다. 나는 삶의 모든 면에서 복음 중심으로 살며 사람들을 끌어당길 수 있다는 사실을 두 눈으로 확인하고 싶었다."[3]

무엇이 당신의 영혼을 진정으로 끌어당기고 있는가? 당신은 무엇에 끌리고 있는가? 우리는 무엇보다도 하나님의 임재에 끌려야 한다.

 누가복음 24장 28-35절; 마가복음 6장 1-6절 참조

72 가장 지혜로운 인물, 예수를 만나다

우리는 간단하지만 중요한 질문을 던지면서 산상수훈에 관한 이 탐구를 시작했다. "예수님의 말씀이 진담이었다면?"

산상수훈의 내용이 말 그대로를 의미하는가? 정말로 우리가 원수를 사랑하고 걱정하지 말고 비판하지 말아야 하는가? 오늘날 예수님을 '구주'로 찬양하면서 정작 그분의 가르침은 현실과 동떨어진 것으로, 심지어 불가능한 것으로 치부하는 크리스천들이 너무도 많다.

하지만 예수님 당시의 청중은 그런 실수를 하지 않았다. 그들은 예수님의 가르침, 특히 그 말씀의 권위에 충격을 받았다. 그분의 명령을 진담으로 받아들이지 않았다면 충격까지 받았을 리가 없다. 내가 볼 때 우리의 문제점은 대중적인 기독교가 예수님의 사랑은 강조하면서 그분의 지능은 무시해 왔다는 것이다. 우리는 예수님을, 우리를 정말 아껴서 이런저런 조언을 해 주지만 세상 물정을 잘 모르는 그냥 사람만 좋은 동네 아저씨쯤으로 여긴다. 그래서 그분의 가르침을 그냥 좋은 말 정도로만 흘려듣는다.

달라스 윌라드는 이런 생각의 오류를 신랄하게 지적했다.

예수님에 대한 믿음은 그분이 우리의 삶과 우주에 대해서 정확히 아신다는 확신의 기초 위에서만 가능하다. 상대가 예수님이든 누구든, 그가 다룰 수 없다고 생각하는 문제들에서 그를 의지하는 것은 불가능하다. 그의 지식이나 능력 밖에 있다고 생각하는 삶의 문제에서 그의 도움이나 협력을 요청할 수는 없다. 그리고 예수님이 똑똑하지 않다면 과연 그분을 주님으로 여길 수 있는가? 그분이 하나님이라면 과

연 어리석을 수 있을까? 과연 뭘 모르실 수가 있는가? 한번 가만히 생각해 보라. 그분을 다른 모든 면에서는 인정하면서 역사상 지식과 지능이 가장 높은 분으로는 여기지 않는다는 것이 말이 되는가?[4]

예수님은 똑똑하시다. 그리고 진지하시다. 당신이 그분의 말씀을 있는 그대로 받아들이면 당신의 삶이 어떻게 달라질지 상상해 보라. 그리고 그분을 따른다고 주장하는 이들이 진정으로 그분을 따르면 우리 세상이 어떻게 달라질지 상상해 보라.

 골로새서 1장 15-20절; 요한계시록 1장 12-18절 참조

주

Prologue

1. Tony Perkins, quoted in Edward-Isaac Dovere, "Tony Perkins: Trump Gets 'a Mulligan' on Life, Stormy Daniels" Politico, 2018년 1월 23일, https://www. poliico.com/magazine/story/2018/01/23/tony-perkins-evangelicals-donald-trump-stormydaniels-216498.

2. Michael Horton, "Beyond Culture Wars," *Modern Reformation*, May-une 1993, 3, quoted in Ronald J. Sider, "The Scandal of the Evangelical Conscience," *Books and Culture*, 2005년 1월/2월, https://www.booksandculture.com/articles/2005/janfeb/3.8.html.

3. George Barna, *Think Like Jesus: Make the Right Decision Every Time* (Nashville: Integrity, 2003), 40. 조지 바나, 《예수처럼 생각하라》(사랑플러스 역간).

274

PART 1

1. Stanley Hauerwas, *Hannah's Child: A Theologian's Memoir* (Grand Rapids: Eerdmans, 2010), 38-9. 스탠리 하우어워스, 《한나의 아이》(IVP 역간).

2. Markham Heid, "You Asked: Is Social Media Making Me Miserable?," Time, 2017년 8월 2일, https://time.com/4882372/social-media-facebook-instagram-unhappy/.

3. Scot McKnight, *The Story of God Bible Commentary: Sermon on the Mount* (Grand Rapids: Zondervan, 2013), 35. 스캇 맥나이트, 《하나님의 이야기 주석 : 산상수훈》(에클레시아북스 역간).

4. Dallas Willard, "The Gospel of the Kingdom," 인터뷰, 2005년 8월, http://old.dwillard.org/articles/artview.asp?artID=150.

5. Theodore Parker, John Haynes Holmes 등의 *Readings by Great Authors* (New York: Dodd, Mead and Company, 1918), 18에 인용, Martin Luther King Jr. 이 인용, https://quoteinvestigator.com/2012/11/15/arc-of-universe/.

6. Caitlin Johnson, "Cutting Through Advertising Clutter," CBS, 2006년 9월 17일, https://www.cbsnews.com/news/cutting-through-advertising-clutter/.

PART 2

1. John Stott, *The Message of the Sermon on the Mount* (Downers Grove, IL: Inter-Varsity Press, 1978), 52.

2. John Stott, *The Message of the Sermon on the Mount* (Downers Grove, IL: Inter-Varsity Press, 1978), 67.

PART 3

1. Antonin Scalia, "Justice Scalia on the Record," interview by Lesley Stahl, *60 Minutes*, 2008년 4월 21일, https://www.cbsnews.com/news/justice-scalia-on-the-record/.

2. Dallas Willard, *The Divine Conspiracy* (San Francisco: HarperSanFrancisco, 1998), 151. 달라스 윌라드, 《하나님의 모략》(복있는사람 역간).

3. David Livingstone Smith, interview, "'Less Than Human': The Psychology of Cruelty," NPR.org, 2011년 3월 29일, https://www.npr.org/2011/03/29/134956180/criminals-see-their-victims-as-less-than-human.

4. Oswald Chambers, *Studies in the Sermon on the Mount* (Grand Rapids: Discovery House Publishers, 1960), 37. 오스왈드 챔버스, 《오스왈드 챔버스의 산상수훈》(토기장이 역간).

5. Dallas Willard, *The Divine Conspiracy* (San Francisco: HarperSanFrancisco, 1998), 167.

PART 4

1. Fyodor Dostoevsky, *The Brothers Karamazov, Constance Garnett* 번역 (New York: The Macmillan Company, 1922), 54. 표도르 도스토옙스키, 《카라마조프가의 형제들》.

2. 상동, 55.

3. Dietrich Bonhoeffer, *Dietrich Bonhoeffer Works, Vol 5: Life Together and Prayerbook of the Bible* (Minneapolis: Fortress Press,1996), 90.

PART 5

1. Allyson Chiu, "More than 250 people worldwide have died taking selfies, study finds," *Washington Post*, 2018년 10월 3일, https://www.washingtonpost.com/news/morning-mix/wp/2018/10/03/morethan-250-people-worldwide-have-died-taking-selfies-study-finds/.

2. 이 인용문은 올리버 웬델 홈스가 한 말로 널리 여겨지고 있지만 정확한 출처는 발견되지 않았다.

3. Timothy Garton Ash, "The Truth about Dictatorship," The New York Review of Books, 1998년 2월 19일, 36-7에 인용.

4. Ray Pritchard, "Does God Lead His Children Into Temptation?" KeepBelieving.com, 2009년 10월 10일, https://www.keepbelieving.com/sermon/does-god-lead-his-children-into-temptation/.

PART 6

1. Dallas Willard, *The Divine Conspiracy* (San Francisco: HarperSan Francisco, 1998), 202.

2. Martin Luther, *The Sermon on the Mount (Sermons) and the Magnificat, Luther's Works*, vol. 21, Jaroslav Pelikan 번역 및 편집 (St. Louis: Concordia, 1956), 155.

3. G. W. Offley, *A Narrative of the Life and Labors of Rev. G. W. Offley* (Hartford, CT: [s.n.], 1860) 중, *Five Black Lives* (Middletown, CT: Wesleyan University Press, 1971), 134-5에 다시 재인쇄; Albert J. Raboteau, Slave Religion: The *"Invisible Institution" in the Antebellum South* (New York: Oxford Press, 1978), 306에 인용.

4. Skye Jethani, *With: Reimagining the Way You Relate to God* (Nashville: Thomas Nelson, 2011), 154-5에서 발췌 수정. 스카이 제서니, 《With 위드》(죠이선교회 역간).

5. Henri Nouwen, *Spiritual Formation* (New York: HarperOne, 2010), 73. 헨리 나우웬, 《두려움에서 사랑으로》(두란노 역간).

PART 7

1. Stan Friedman, "Greg Boyd: 'Judgmental Attitudes Keep Christians from Loving,'" Covenant Newswire, CovChurch.org, 2006년 10월 11일, blogs. covchurch.org/newswire/2006/10/11/5189/에 인용.

2. Dallas Willard, *The Divine Conspiracy*, 231-2.

3. 이번 장은 Skye Jethani, "Stranded in Neverland," *Leadership Journal*, 2009 년 4월 24일. https://www.christianitytoday.com/pastors/2009/spring/ strandedinneverland.html의 내용을 정리한 것이다.

4. C. S. Lewis, *God in the Dock*, Walter Hooper 편집 (1970; Eerdmans, 2014), 107. C. S. 루이스, 《피고석의 하나님》(홍성사 역간).

5. Mohandas Gandhi, *The Wit and Wisdom of Gandhi*, Homer A. Jack 편집 (1951; Mineola, NY: Dover Publications, 2005), 15에 인용.

6. Dallas Willard, *Knowing Christ Today* (New York: HarperOne, 2009), 89. 달라스 윌라 드, 《그리스도를 아는 지식》(복있는사람 역간).

7. Jeremy Weber, "Christian, What Do You Believe? Probably a Heresy about Jesus, Says Survey," *Christianity Today*, 2018년 10월 16일, https://www. christianitytoday.com/news/2018/october/what-do-christians-believe-ligonier- state-theology-heresy.html.

PART 8

1. Skye Jethani, *The Divine Commodity: Discovering a Faith Beyond Consumer Christianity* (Grand Rapids: Zondervan, 2009), 159에서 발췌 수정.

2. Dietrich Bonhoeffer, Discipleship (Minneapolis: Fortress Press, 2015), 148-9.

3. 이 인용문은 마크 트웨인의 것으로 알려져 있지만 출처는 다소 불분명하다. 어 쨌든 내용만큼은 공감이 간다.

4. Gordon MacDonald, "Dangers of Missionalism," *Leadership Journal*, 2007년 1 월 1일, https://www.christianitytoday.com/pastors/2007/winter/16.38.html.

PART 9

1. John Stott with Douglas Connelly, *Reading the Sermon on the Mount with John Stott* (Downers Grove, IL: InterVarsity Press, 2016), 108. 존 스토트, 《존 스토트의 산상수훈 스터디 가이드》(생명의말씀사 역간).

2. 이번 장은 C. S. 루이스의 명저 《순전한 기독교》(*Mere Christianity*, 홍성사 역간)에 나오는 탁월한 '거짓말쟁이 혹은 미치광이 혹은 주님'에 관한 글을 참조한 것이다 ('충격적인 갈림길(The Shocking Alternative)'이란 제목의 챕터를 보시오). 기독교는 루이스의 이 글에 많은 빚을 지었다.

3. Mark Labberton, "Elemental Preaching," *Christianity Today*, 2010년 1월 17일, https://www.christianitytoday.com/pastors/2010/winter/elementalpreaching.html.

4. Dallas Willard, *The Great Omission: Reclaiming Jesus's Essential Teachings on Discipleship* (New York: HarperOne, 2006), 19. 달라스 윌라드, 《잊혀진 제자도》(두란노 역간). h Frank, *Dostoevsky: A Writer in His Time* (Princeton, NJ: Princeton Press, 2009), p. 220.